なぜ、
東大の入試問題は、
「30字」で答えを
書かせるのか？

地頭がいい人だけが
知っている考えるコツ

西岡壱誠

SUNMARK
PUBLISHING

はじめに

みなさんは、人の話を聞いたときに、100％しっかりと理解している、と胸を張って言えますか？

おそらくこの質問に対して多くの人がNOと答えると思います。

どこかで情報を聞き漏らしているかもしれないし、メモを取ったとしても100％ではないかもしれないですよね。相手が話し終わってからテープレコーダーのように一言一句同じことを言うことができる人がいたらそれは100％しっかり聞いていたことになるのでしょうが、だからと言ってその話の内容をすべて理解しているわけではないでしょう。

文章でも同じことが言えます。文章を読んで、100％しっかりと理解したとは言えない人が多いのではないでしょうか。本を何冊も読んでいるはずなのに知識が身に付かないし、イマイチ頭が良くなったようには思えないという人もいるでしょうし、メールやチャットで人とやりとりしていても、どうにも会話が成り立っていないような気分になるという人もいることでしょう。

当然のことながら、「人の話を聞いて、それを理解する」という行為は、人間が毎日行なう、基本的で最重要の行為の1つだと言えます。

「理解」は、コミュニケーションの根幹であり、勉強の基礎であり、読解の目的です。これができないままでは、人との会話では躓《つまず》き、勉強しても成績は上がらず、読書しても頭は良くならないわけです。逆にこれさえできれば、人の話を理解して、どんどん頭を良くしていくことができるものです。

しかし、そんなに大切なことでありながら、「人の話を理解するためにはどうすればいいか」ということを、多くの人が教えてもらっていないままで、大人になっているのではないでしょうか。「こうすれば、人の話を理解できるんだよ」と誰かから教わった経験のある人は少ないのではないでしょうか。それもそのはずで、その方法って、実はみんな今までぼんやりとしか理解していなくて、あまり伝わっていなかったのです。

本書は、そこに切り込んだ、おそらく初めての本だと思います。

僕は本書を通して、**「どうすれば人の話を理解することができるか」**をみなさんにお伝えしたいと思います。一番根本的で大事な能力なのに、今まで触れられてこなかったこの分野に対して、「こうすれば理解力がアップするんだ」という方法論を、みなさんに共有したいと思います。

僕は、偏差値35から東大に合格した人間です。全科目全然ダメで、0点に近い成績だったところから、2浪して3年目でなんとか東大に滑り込みで合格することができた人間です。

そんな自分のことを振り返ってみると、結局僕は、数学や英語の勉強を頑張ったから東大に合格できたわけではなく、**いろんな科目を通して、「理解力」という非常に根本的で基礎的な能力と向き合ったことで合格できた**ように感じます。現在僕はその経験を活かして全国さまざまな学校で教育実践活動を行なっています。その中には僕の話を聞いて一気に成績を上げた生徒もいますし、東大に合格した人も多数います。

▼「頭がいい」は方法だ

小さい頃、「お前は飲み込みが遅いな」とか「何でこんなことがわからないんだ。話聞いてなかったのか?」と言われた経験がある人はどれくらいいるでしょうか。僕もめちゃくちゃ言われました。「やっぱり自分は頭が悪いからダメなのかな」と落ち込んだ回数は数知れません。でも、それは「頭が悪い」のではなく、方法を知らないから発生してしまうことなのです。

本書は、「飲み込みが悪い」「察しが悪い」「理解力がない」と言われてしまう人に対しての処方箋です。本書を読めば、きっと相手の話でも文章でもなんでも、すぐに理解することができるようになります。

騙《だま》されたと思って、ぜひ、やってみてください!

目次

なぜ、東大の入試問題は、「30字」で答えを書かせるのか？

第2章

言語化──言い換えることで理解は深まる

第3章

情報解釈——1つの情報から10を知る考え方

カバーデザイン／小口翔平＋畑中茜（tobufune）
本文デザイン／初見弘一（TOMORROW FROM HERE）
本文DTP／株式会社キャップス　イラスト／杉江慎介
校正／ペーパーハウス　編集担当／多根由希絵（サンマーク出版）

序章

なぜ、東大の入試問題は、「30字」で答えを書かせるのか

突然ですがみなさんは「東京大学の入試が日本で一番難しい」と言われる理由を知っていますか？　僕は東京大学志望の生徒たちに指導をすることが多いです。「日本で一番偏差値が高い大学である東京大学に合格したい」と考えている生徒たちに対して、国語という教科の勉強やメンタルの保ち方・それ以外のことも含めていろんなことを教えています。

東京大学は、全科目、ほとんどの問題が記述問題の大学です。選択肢を選ぶ問題ではなく、説明を求める問題が多いです。国語だけでなく、英語でも理科でも社会でも、「これはなぜか、30文字以内で説明しなさい」といった問題が多く出題されています。数学でも、答えを途中の計算過程や思考の過程も含めて記述しなければならないので、本当にほぼすべてが記述式の入試だと言えるでしょう。

「全部記述式で答えなければならないなんて、難しい大学だなあ」と思うかもしれません。でも実は、本当に東京大学が恐ろしいのはここからなのです。

記述式は確かに難しいですが、記述式の問題が多い大学は他にもたくさんあります。でも、東大だけは、その記述問題に1つ、大きな制限が加えられているのです。

それは、文字数の制限です。

「これはなぜか、30文字以内で説明しなさい」

「これはどういうことか、60文字以内で答えなさい」

というように、文字数に制限がかかっています。

この制限が非常に厳しいです。「100文字以上かけて説明するなら全然簡単だけど、60文字で説明しなさい、なんて難しいよ！」と感じる受験生が続出するほど、制限が厳しくて難しいのです。

他の大学では、まったく逆の傾向があります。「短く書くこと」ではなく「長く書くこと」を求める場合が多いです。

たとえば、自由英作文と呼ばれる問題形式があります。これは、どの大学でも出題される問題形式で、「～について、あなたの考えを○語以内の英語で答えよ」というような問題になります。東大と他の大学では文字数制限が違うのです。一橋大学の自由英作文は100～140語で、他の難関国公立大学も基本的に100語程度の英作文を求めるのに対し、東大は年にもよりますが、大体70語程度です。

「短い文字数でいいってことは、東大のほうが簡単ってことじゃないの？」と思うかもしれませんが、短く言いまとめなければならないからこそ冗長に説明することができず、ポイントを絞らなければならないからこそ難しいのです。こうした「短く語らなければならないこと」こそが、東大が日本で一番難しい大学だと言われている一つの大きな要因なのではないかと僕は考えています。

なぜ、このような問題が出題されているのか？　東大は、こうした問題を課すことで、要約力を問いたいのではないかと言われています。短く言いまとめることができる能力があるかどうか？　長く説明するのではなく、スパッと言いたいことを言って、重要な要素のみをポイントを絞ってまとめる能力があるかどうか？　そうしたことを問いたいのではないでしょうか。

この「要約力」こそ、今回本書でみなさんと一緒に身に付けたい能力であり、**「頭がいい人がどうして頭がいいのか」の大いなる答え**であると僕が考えている能力です。

はっきり言って、要約力を身に付けることは、ビジネスだろうが勉強だろうが、どんな場面でも絶対にプラスになります。

たとえば、相手の話を聞いて、「要するにそれって、こういうことですね」とスパッと答えられる人って憧れますよね。「相手の話をきちんと理解できる、理解力がある人」だと捉えられるわけですが、これは実は相手の話を「要約」しているという点で、「要約力がある人」だと捉えることもできると思います。つまり、「要約力」は**「理解力」**でもあるのです。

また、プレゼンや説明がうまい人って、理知的な印象がありますよね。「ポイントはこれです！」と明確に示せて、そしてその内容がグッと来る言葉になっている人って、憧れられる場合が多いと思います。これも実は、「自分が話したいことを、しっかりとポイントを押さえて要約できる」という点で、「要約力がある人」のことなのです。つまり、「要約力」は**「説明力・プレゼン力」**でもあるわけです。

記憶に関しても同じです。みなさんは「記憶力のいい人」と聞くと、なんでもかんでもたくさんのことを記憶できる人だと思っているかもしれませんが、それは違います。たとえば歴史についてとても多くの知識を持っている人でも、教科書に書いてある文言を一言一句忘れずにすべて覚えているわけではありません。ポイントを押さえて、覚えるべき知識を整理して記憶していて、いらない知識を覚えていないから、「必要な知識をしっかり有している人」になっているのです。つまり、「要約力」は、**「記憶力」**とも言い換えられる場合があるのです。

要約力は、理解力であり、説明力であり、記憶力です。要約力がある人は、相手の話を理解することも、相手にきちんと説明をすることも、覚えるべき知識を取捨選択して忘れないようにすることも可能になります。

要約できるから「頭のいい人」になれるのです。だからこそ、東大という大学は「要約力」がある学生を求めていて、入試で出題しているわけなのです。

「要約力」について、ご理解いただけましたか？　とはいえ、僕はみなさんに、「じゃあ今から要約の問題をいっぱい解いてみましょう！」というように、学習参考書のようなことを言ったりはしません。そうではなくて、日常生活の中で使えるような、相手の話を整理して自分の中で解釈しそれをぶつける過程について、みなさんにお話ししたいと思います。

この本では、「要約」というものを、3つの過程に分解しています。

「要約」＝「事実整理」＋「言語化」＋「情報解釈」

事実整理は、相手の話を聞いて、それを整理するための力です。たくさんの情報をぶつけられたときにもそれに対応できるような能力であり、これができる人は暗記力も身に付きます。

頭がいい人の頭の中

要約

①「事実整理」
＋
②「言語化」
＋
③「情報解釈」

言語化は、相手に対して上手に説明し、言葉にするための能力です。相手に伝わりやすいプレゼンをするための能力であり、これができるようになると説明力が上がります。

情報解釈は、「事実整理＋言語化」で整理した内容を、自分なりに噛み砕いて解釈することです。一を聞いて十を知るという言葉がありますが、まさにこの言葉の通り、1の情報を10の解釈に広げる能力であり、これができるようになると理解力が上がります。

この3つの過程を総合して、「要約」が完成します。この3つのプロセスを経て、ぜひ「頭を良く」してもらえればと思います。

第1章

事実整理

――あの人の言っていることの本心を考える

事実と解釈は違う

——笠地蔵を簡単に説明する

A　老人が笠を売りに行ったが売れなかったという話

B　信心深い人には良いことが訪れるという話

この2つ、何が違う？

みなさんは、「笠地蔵」という昔話を知っていますか?
簡単に説明すると、こんな話ですね。

昔、老人が街に自分たちが作った笠を売りに行ったが売れなかった。雪が降る帰り道、老人は地蔵を見かけ、地蔵が雪で寒そうだと感じたため売れ残った笠を被せてやった。家に帰って事の顚末《てんまつ》を配偶者である老婆に語ると、老婆は「良いことをした」と笑った。その夜、物音がしたので見に行くと、地蔵が家の前にお金や食料を置いて帰っていくところだった。2人は感謝し、幸せに暮らした。

大体こんな話ですよね。もっと細かいディティールとして、「笠はもともとおばあさんが作ったものだったので、おじいさんは笠が売れなかったことを申し訳なく思っていた」とか、「地蔵の数は6体で、笠は5つしかなかったので、最後の地蔵には自分の被っていた笠を被せてやった」とか、そんなエピソードもありますが、これは枝葉の話なのであまり考えなくてよいでしょう。笠地蔵を短く説明して「要約する」となると、さっきの文章くらいの長さになりますね。

さて、では次の文章はどうでしょうか？

> 老人が地蔵に優しくしたことによって救われたという話。信心深く、地蔵や仏を大事にする人物には、最終的には良いことが訪れるという教訓を伝えていると考えられる。

これも、笠地蔵を手短にまとめた説明として適切ですね。どちらの説明も、笠地蔵という話のことがわかるものだと思います。

▼事実の整理と、整理した事実の解釈は違う

さて、この2つの説明の違いはどこにあるでしょうか？　前者のほうは笠地蔵という話がどんなことを語っているのかについて、物語の中で起こった出来

事をベースにエピソードを整理して説明しています。それに対して後者は、その前提を踏まえて、解釈をして語っているものです。整理された情報を読み解き、「何が言いたかったのか」を頭の中で想像しているわけです。
「物事を理解して、相手に短くわかりやすく説明するためにはどうしたらいいのか」についてこの本ではみなさんに共有するわけですが、まず最初に覚えておいていただきたいのは、このように**「事実を整理する」**のと**「整理した事実を解釈する」**のとは、まったく違う行為であるということです。

人間は物事を理解するとき、「事実を整理する」という行為をした後に、「整理した事実を解釈する」という行為をしています。どちらも重要なプロセスであり、タイミングによってこの行為を使い分ける必要があります。

たとえば会社で「この会議の議事録を取ってくれ」と言われたら、「事実を整理する」ということを実行するでしょう。逆にその人の勝手な解釈ばかりが入った議事録は求められていないはずです。一方で、感想を求められたときには

「整理した事実を解釈する」という行為が求められます。「ここまでの会議を踏まえて、君はどう思う?」と聞かれたときに、「そうですね、ここまでの会議ではこんな会話をしていましたよね」と事実を整理して話すことは求められていないはずです。

このように、状況によって使い分けることが大事なのです。

この本では、この「事実を整理した要約」も「整理した事実を解釈する要約」も、両方の方法をみなさんにお伝えしたいと思います。

ですので、まずはこの2種類が全然別物で、両方の過程が必要なことを覚えておいてください。

「相手の話を理解する」＝「事実整理」＋「情報解釈」

――上司に何て返事をするか？

「現時点の進捗だけでいいので、可能であれば教えて」にどう答えるか？

A　終わってません

B　ここまでできています。ご参考までに現状の資料をお送りします

C　明日までに終わるよう頑張ります！

さて、さっきの話を理解してもらえればわかると思うのですが、「相手の話を理解する」というのは、「事実整理」＋「情報解釈」という方程式で成り立ちます。この順番を間違えたり、どちらかの過程が欠けてしまうと、相手の話を理解できなくなってしまいます。

たとえば、みなさんが上司からこんなことを言われたとします。

あのさ、この前お願いした仕事なんだけど、どう？　どれくらい終わってる？　来週の金曜日が締め切りってことでお願いしてるわけなんだけど、実はさっきちょっと先方から、「現時点での進捗だけでいいので可能であれば教えてください」ってメールが来ててさ。

どうでしょう？　上司はどんなことが言いたくて、この話をしているのでしょうか？

まず、上司の話を受けて「事実整理」をすると、こうなります。

・来週の金曜日が締め切りの仕事の進捗が聞きたい
・なぜなら、この仕事の発注者（先方）から、「現時点での進捗だけでいいので可能であれば教えてください」とメールが来たから

という話ですね。そして、整理した2つの情報を結び付けて、「情報解釈」をすると、こんなことが言えると思います。

・締め切りはまだ先だが、発注者から今の段階で確認のメールが入った
・そのため、締め切りを早める必要はないが、今見せられるものがあれば、発注者に見せておきたい

ここからわかることは、発注者に見せるために、現時点の進捗を聞かれているということです。ですからもしみなさんが、その仕事の進捗状況を「こんな感じです」と見せたら、おそらく上司は、「ありがとう！」と言って、その状況

を発注者に伝えることでしょう。

理解力があって仕事ができる人というのは、この2つのプロセスを瞬時に終わらせて、「これでお願いします」と仕事の進捗状況を提出するでしょう。しかも、上司が先方に見せやすいように資料の整理をするのではないでしょうか。そうすると、「おっ、気が利くね！　このまま送っちゃうわ！　助かるよ！」と上司に喜んでもらえるはずです。

一方「理解力がない・仕事ができない」と言われてしまう人は、**ここで、情報の整理をせずに「どれくらい終わってる？」という問いだけに答えてしまう人**です。「全然終わってないです！」と答えてしまうと、上司も困ってしまいますよね。「全然終わってないって先方に伝えるのも、ちょっとやりにくいしなぁ」と。

また、**解釈しすぎてしまう**という場合も考えられます。

「『どれくらい終わってる？』ってことは、『急いでくれ』ってことなんじゃないか？　ってことは、来週金曜までにやればいいと思っていたけど、もっと急いだほうがいいってことですね！」

と考えてしまって、

「徹夜してでも明日までにやれってことでしょうか」

と伝えたら、上司から

「え⁉　そんなこと言ってないよ⁉」

と言われてしまうかもしれません。もしかしたらそういう意図もあるかもしれませんが、事実ベースで考えるのであれば、上司は「先方から『現時点での進捗だけでいいので可能であれば教えてください』とメールが来た」としか言っていません。

ここでの失敗のパターンを整理すると、次のようになります。

- 「事実整理」だけをやっている人
  ＝言われたことをそのままやるだけで、気が利かないと言われてしまう
- 「事実整理」をしないままに「情報解釈」だけをやっている人

＝自分の勝手な解釈が入ってしまって、「そんなこと言っていない」と言われてしまう

ですから**重要なのは、「事実整理」をした後で、「情報解釈」をすること**です。この2つを別個のプロセスとして捉えておかないと、「理解」はうまくいかないのです。

この本では、「相手の話を理解し、それを踏まえて相手に伝える」ところまでをワンセットでみなさんに伝えます。その前半部分の「相手の話を理解する」という過程は、「事実整理」＋「情報解釈」によって成立しているということを、まずはご理解いただければと思います。この章で事実整理の仕方をお話しし、第2章を挟んで第3章で情報解釈のやり方をみなさんに共有していきます。

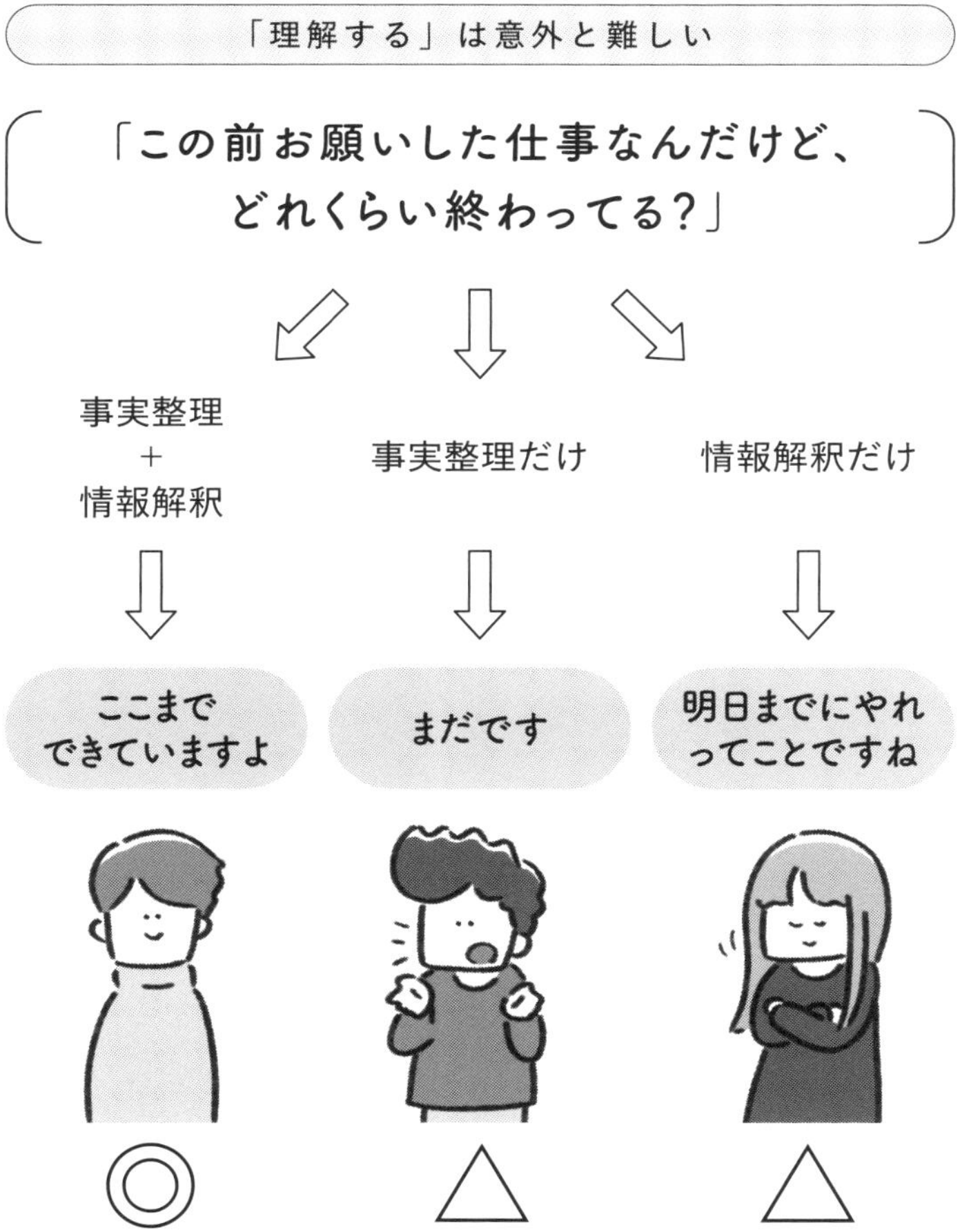
「理解する」は意外と難しい
「この前お願いした仕事なんだけど、
どれくらい終わってる?」
事実整理
+
情報解釈
事実整理だけ
情報解釈だけ
ここまで
できていますよ
まだです
明日までにやれ
ってことですね
◎
△
△

東大生のノートは「Q」&「A」で書かれている

ということで、まずこの第1章では「事実整理」についてお話ししていきたいと思うのですが、ちょっとその前に、僕の受験生時代のエピソードを語らせてください。

僕は高校時代、偏差値が非常に低く、学年ビリを連発していた人間でした。そこから一念発起して東京大学を目指して勉強したわけですが、2回連続で不合格になってしまいました。「一体何がダメなんだ?」と思い悩んだとき、「そうだ! じゃあ東大に合格する人たちはどんなノートを取っているのか、見せてもらおう」と思いました。「一生のお願い! ノート見せて!」とお願いをしまくって、50人くらいのノートを集めて、分析してみることにしたのです。

そのときに感じたのは、「え！　自分の取っているノートと全然違う！」ということでした。同じ授業を受けていたはずだし、同じ黒板に書いてあったことをメモしているはずなのに、ノートに書いてある内容が、全然違っていたのです。「これ、自分が受けていた授業とは違う授業のノートなのか!?」と思ってしまったほどです。

一体何がそんなに違ったのか？　それこそが、ここからご紹介する「事実整理」における重要なポイントです。それは、**すべての情報が「問い」と「答え」で整理されている**ということです。

具体的に説明しましょう。たとえば、「日露戦争の講和条約であるポーツマス条約でロシアから賠償金を取ることができず、それを不服として日比谷焼き打ち事件が起こった」ということを先生が説明したとして、みなさんはどうノートにまとめますか？　東大生は、こんなふうにまとめます。

Q なぜ、日比谷焼き打ち事件は発生したのか

A 日露戦争の講和条約であるポーツマス条約でロシアから賠償金を取ることができなかったから

このように、Q＆Aの問題に答えるかのように、聞いたことを「問い」の形に変換しているのです。授業の中でどんな説明を受けたとしても、東大生は「問い」と「答え」で整理をしているのです。

先生はただ、「Aという出来事はBが原因で起こった」という説明をしているだけなわけですが、東大生は、頭の中で物事を整理するために、「Aはなぜ起こったか?」「Bという出来事が原因」というメモを取って、問いと答えの形で整理しているのです。これを、どの科目でもやっていて、ちょっとした相手の話をメモするときにもやっているのです。

気になったので、僕は東大に合格した人の1人に聞いてみました。「何でそのままメモを取らないで、問いと答えで整理するの?」と。すると、こんなふう

東大に合格した人のノート（一例）

【東南アジアまとめ】

Q 「チャイナプラスワン」とは具体的にどのような動き？

A 中国では人件費の上昇や離職率の高さから安定した生産が難しくなってきたため、巨大市場向けの販売拠点は残しつつ、未熟練労働部門（労働指向型産業）の繊維や家電等加工組み立て製品の輸出生産拠点を東南アジアなどへ移転させる動き。

・フィリピン

Q この国は、海外に出稼ぎ労働者を多く供給しているが、どのような業種が多いか。旧宗主国の影響にも触れて、述べよ。

A 旧米領で英語が公用語であるため、アメリカやカナダ、オーストラリアで、船員やコールセンター業務、給仕係などの低賃金のサービス業種が多い。

に返されました。

「別に、後から見返すためだけにメモを取るんだったら、授業を録音して、黒板の写真を撮ればいいじゃん。でもそうじゃなくて、俺はこのノートで、**頭の中を整理しているんだ**。だから、整理しやすいように変換しているんだ」と。

これが「要約」と呼ばれる学習法であることに気付いたのは後になってからのことだったのですが、これは僕にとって目から鱗《うろこ》でした。「ノートって、頭の中を整理するために取るんだ！　後から見返すためだけじゃないんだ！」と。

そしてそう考えたときにやはり、「問い」と「答え」というのはとても整理しやすいフォーマットなのです。次の項目では、そのことについてみなさんにお伝えしたいと思います。

▼「問い」と「答え」で、物事を理解していく

序章で、「事実を整理するのがうまい人は、記憶力もいい」という話をしました。「何で整理することで、記憶力にも良い影響があると言えるんだ?」と思った人もいるかもしれませんが、実はこれも、「問い」と「答え」という話で整理することができます。

東大生がよく使っている参考書に、「一問一答」という形式があります。これは主に社会や理科などの暗記科目で使われるものなのですが、質問が左側に書いてあって、その答えが右側に書いてある参考書です。これを使うと、質問のほうを見て「うーん、これって何だったっけ? あ! わかった! ○○だ!」と答えを出していくかのように勉強することができるというものになっています。

僕は昔、「何でこんな参考書が必要なの?」と思っていました。別に教科書に書いてある内容が質問形式になっているだけじゃないか、と。でもそれは大きな間違いだったのです。

問いは、重要なポイントがどこなのかを明確にしてくれるものです。相手の話のツボや、どこに注目するべきなのかといったことを明確にする作用があるのが、「問い」なのです。

たとえば、教科書で豊臣秀吉の刀狩についての項目を読んだとして、こんな記述があったとします。

「1588年（天正16年）、豊臣秀吉は、全国に「刀狩令」を布告した。農民の武器の回収を命じたものである。これにより農民を武装解除させることで一揆の発生を抑えることが目的だった」

大体みなさんもこれと同じことを中学校の教科書で読んだことがあるはずですし、なんとなく覚えているという人もいるのではないでしょうか？

では、これを覚えるために、人の頭の中では何が行なわれていると思いますか？　これを読んで、この文章を1文字1文字全部覚えるのは大変だと思いますが、部分部分・要所要所は覚えられると思います。頭の中でどのような整理

問いと答えで頭の中を整理する

Q いつ？　　Q 誰が？　　Q 何を？

「1588年（天正16年）、豊臣秀吉は、全国に「刀狩令」を布告した。農民の武器の回収を命じたものである。これにより農民を武装解除させることで一揆の発生を抑えることが目的だった」

なぜ？ Q

が行なわれているから、要所を押さえることができるのか？　こちらをご覧ください。

Q 1588年に、農民の一揆を抑えるために、刀狩を行なった人物は誰か？

A 豊臣秀吉

Q 1588年に、豊臣秀吉が農民の一揆を抑えるために行なったのは？

A 刀狩

Q 豊臣秀吉が刀狩を行なったのは何年か？

A 1588年

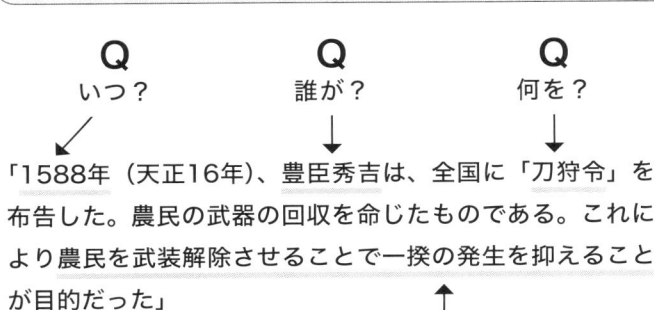

Q なぜ、豊臣秀吉は刀狩を行なったのか？

A 農民の一揆を抑えるため

このように、問いの答えを覚えるかのように、頭の中で整理されているのです。おそらく、今回の記述を読むまで「1588年＝天正16年」ということを忘れていた、覚えていなかったという人も多いと思いますが、これはみなさんの頭の中に、「Q 1588年は天正何年か？」という問いがなかったからではないかと考えられます。このように、問いにならないような瑣末《さまつ》な情報に関しては意識から排除されているため、もう忘れてしまっているという人が多いのだと思います。

人間は、意識的か無意識のうちかは置いておいて、頭の中で問いと答えを作っています。そして、**問いが自分の頭の中にない内容に関してはすぐに忘れてしまい、問いが明確に意識できる場合は答えることができる**のです。

豊臣秀吉が刀狩を行なった目的を覚えているかどうかというのは、「なぜ、豊臣秀吉は刀狩を行なったのか？」という問いを考えたことがあるかないかによって違ってきます。説明自体は学校の授業で受けているはずですが、これを覚えている人とそうでない人は明確に分かれてきます。その理由は、記憶力の問題ではなく、「なぜ？」と自分の頭の中で考えた経験があるかどうかによって差が生まれるからだと考えられます。

▼「同じ授業を受けているはずなのに、なぜ成績が違うのか」の答え

小中高の学校生活において、「同じ授業を聞いているはずなのに、あいつはすごく成績が良くて、自分とは全然違う」と思い悩んだ人もいるのではないでしょうか。それに対して、「あいつは記憶力が良いから成績が良いんだな。自分はそうじゃないから成績が悪いんだ」と解釈していた人もいるのではないかと思うのですが、実はそういうわけではない部分もあります。

記憶力に違いがなかったとしても、成績は大きく変わってきてしまう場合があります。その理由は、「『問い』を意識している人とそうでない人との間で、

天と地ほどの差が開くから」です。

問いが前提にある人とそうでない人とでは、学校のテストの成績では特に、大きな差が開いてしまいます。

授業を聞いて、先生から「刀狩というのはこういうものなんだぞ」と言われて、「ふーん、そうなんだ」と思っている人と、「これ、テストだと刀狩の目的について問題が出るかもしれないから、一揆を抑えるために行なわれたってポイントは覚えておかないとな」という形で「問い」を前提にして話を聞いている人とでは、成績が大きく変わってきてしまうのです。この差は、**記憶力の差ではなく、意識の差により生じている**ものだと言えるでしょう。

東大生はそれを理解しているからこそ、一問一答形式の参考書を買って「問いを意識した勉強」を行ない、授業中のノート自体も「問い」と「答え」で整理しているわけです。

▼どこに何の情報があるのかがわからなければ、情報を活用できない

まだ納得できない人もいるかもしれないので、脳をクローゼットにたとえて説明させてください。みなさんは、脳という名前のクローゼットを持っています。その中には、自分が明日着ていく予定のシャツも、冬にしか使わないようなコートも入っています。靴下も、パンツも、上着も、全部入っています。

しかし、どこにどの服が入っているかがわからなければ、着ていくことはできません。どこにあるのか探すだけでかなりの時間を食ってしまう……なんてことになったら、クローゼットに収納する意味はなくなってしまいます。

そのために、多くの人は「クローゼットの左上には靴下を、右下にはシャツを」といったふうに整理し、どこに何が入っているかを記憶して、「ほしい」と思ったときにすぐに取り出せる状態にしておくと思います。

記憶も、これと同じです。クローゼットと同じように、たくさんの収納部分

が脳には用意されているわけですが、それをどのように活用するか、というのはすべて、そのクローゼットを使う人に任せられているわけです。

パンパンになるまでたくさんの情報をクローゼットにしまっておける人もいるでしょうが、そのクローゼットのどこに何の情報が入っているかがわからなければ、その情報はまるっきり活用できないわけです。

そして、このクローゼットに収納する行為こそが、「問い」と「答え」で整理するということなのです。

「1588年（天正16年）、豊臣秀吉は、全国に『刀狩令』を布告した。農民の武器の回収を命じたものである。これにより農民を武装解除させることで一揆の発生を抑えることが目的だった」

という文章は、なかなか覚えられません。覚えられたとしても、歴史にまったく興味のない人にとっては、「あの靴下ってどこに入れたっけ？」という感じで、記憶の中から引っ張り出すのが難しい情報です。

ですから、人間は問いと答えで頭の中を整理しています。

Q 豊臣秀吉が刀狩令を布告したのは何年か？

A 1588年

Q なぜ、豊臣秀吉は刀狩を行なったのか？

A 農民の一揆を抑えるため

「1588年」「農民の一揆を抑えるため」といった、そのままでは、どこかにいってしまうような覚えにくい情報の記憶を、「Q 豊臣秀吉が刀狩を行なったのは何年か？」「Q なぜ、豊臣秀吉は刀狩を行なったのか？」という問いが書かれた戸棚にきちんと収納することで、後から思い出しやすくしているのです。

逆に、この「問いと答え」での整理ができていない人は、もしかしたら脳というクローゼットのどこかに「1588年」「農民の一揆を抑えるため」が入っているかもしれないのですが、どこにしまってあるかわからなくなってしまっている状態だと考えることができます。

どうでしょう？ 問いを使って整理することで、記憶が定着しやすくなるということについて、納得できたのではないでしょうか？

質問できる人、「ふーん」で終わる人

前項では少し学習に寄った内容の話をしてしまったのですが、これは学校の勉強に限った話ではありません。相手の話を理解するときや文章を読むとき、つまり「インプットするとき」全般に言える重要なプロセスについてみなさんに共有しているとお考えいただきたいです。

はっきり言いますが、「理解」の前提にあるのは、「問い」です。

「問い」なくして、「理解」はありません。

人の話を「ふーん、そうなんだ」と思って聞いている人と、「何でこの人はこの話をしたんだろう？　今の話のここって、どういう意味なんだろう？」と考えながら聞いている人とでは、大きな違いがあるのです。相手の話は、「問い」

を考えながら聞かなければならないのです。

たとえば、先ほどの上司からの「この前の仕事、どれくらい終わってる？」についても考えてみましょう。みなさんはこの話をされたら、どんなメモを取るでしょうか？

頭がいい人や仕事ができる人は、こんなメモを取っていると考えられます。

「あのさ、この前お願いした仕事なんだけど、どう？　どれくらい終わってる？　来週の金曜日が締め切りってことでお願いしてるわけなんだけど、実はさっきちょっと先方から、『現時点での進捗だけでいいので可能であれば教えてください』ってメールが来ててさ」

↓

「○○さん（上司）からの仕事の進捗確認」
―「先方から進捗確認のメールが届いたため」

「ん？　問いと答えなんてないじゃないか」と思うかもしれませんが、よく観察してみてください。「先方から進捗確認のメールが届いたため」というのは、「なぜ、○○さんが仕事の進捗確認をしたのか？」という問いの答えになっていますよね。

本当にちょっとしたことでしかないのですが、これ、実はすごく大事なことなんです。この話を整理するときに、**「なぜ、○○さんが仕事の進捗確認をしたのか？」**という問いを挟んでいるかいないかによって、頭の中の整理の度合いが全然違ってくるのです。

このメモを取っている人は、「この前お願いした仕事なんだけど、どれくらい終わってる？」と聞かれた時点で、「何で上司は、こんなことを聞いているのか？」という問いを考えています。そしてその答えとして、「先方から進捗確認のメールが届いた」というのが答えだと気付き、それをメモしています。そうやって「問い」を持って相手の話を聞いているから、情報を整理することができているというわけです。

▼質問を考えるから深く理解できる

ちょっと脱線しますが、僕が偏差値35から頑張って東大に入って一番驚いたのは、「東大生ってこんなに質問するんだ」ということでした。

僕が東大で授業を受け始めた頃、「やっぱり東大の授業は難しいなあ」とか思いながら大人しく話を聞いていました。授業が終わって、「さて、帰るか」と思ったら、東大生の多くが立ち上がって、みんなが先生の元に駆け寄っていきました。「何をしているんだろう？」と思ったら、「先生、ここがわからなかったんですが……」「この部分って、こういう理解でも大丈夫ですか？」と、みんな質問に行っていたんですよね。

僕にとって、これは本当に衝撃的な出来事でした。だって、東大生って、偏差値で言えば日本のトップクラスの人たちです。他の人に比べて理解力が段違いに高いはずで、「一を聞いて十を知る」ことができる人たちなわけです。それなのにもかかわらず、みんな、「ここがわからないから教えてほしい」と質問に行っているんです。

恥ずかしい話ですが、僕は偏差値35のときにはまったく質問に行っていませんでした。理解力も乏しく、先生の話の中でわからないところもあったはずですが、でも質問をするという発想自体があまりなかったんですよね。

東大生って、シンプルに「質問好き」なんですよね。相手の話を聞いた上で、「それってこういうことですか？」「これってどうしてなんですか？」と質問をすることが多いです。

「何でそんなに質問をするの？」と聞いたら、こんな回答が返ってきました。

「それは逆なんだ。何か1つでも質問をする、ということはあらかじめ決めているんだ。何か質問することはないかな、と考えているほうが、相手の話もよく聞くことになるし、理解しやすくもなるんだ」と。

これも僕にとってかなり衝撃でした。つまり、こうやって質問を考えるという過程自体が、理解力をアップさせているということです。普通の感覚で言えば、「わからないから、質問を考える」というイメージがあるのではないかと思うのですが、実はまったく逆で、**「質問を考えるから、わかるようになる」**のです。

ですからみなさん、「問い」を考えながら相手の話を聞くようにしましょう。そうすれば、情報を整理しやすく、また覚えやすくなるはずです。

東大生のメモは「What」と「Why」で書かれている

では具体的にどうすれば、上手に「問う」ことができるのでしょうか？

他の本で「問い」について勉強するとき、よく登場するのは「5W1H」と呼ばれるものです。英語の疑問詞で、英語で疑問文を作るときにはこの6つのうちのどれかを使って作るというものですね。

・When（いつ）
・Where（どこで）
・Who（誰が）
・What（何を）
・Why（なぜ）
・How（どのように）

これらは、それぞれの頭文字を取って「5W1H」と呼ばれています。が、正直これは使い勝手の悪いものだと思っています。だって、「この前お願いした仕事なんだけど、どれくらい終わってる?」と聞かれて「誰ですか?」とは聞きませんよね。5W1Hは英語の疑問詞なので、日本語で考えるときにはあまり使えないものなのではないかと思います。

理解するためのプロセスとしての問いであれば、この6つのうち、**「What」と「Why」だけでほとんど十分だと思います。「それは一体どういうことなのか?」「それは一体なぜなのか?」**という2つの質問さえできれば、大体は思考を整理することができます。

ちなみに大学の国語の入試問題では、この2つの質問以外はほとんど聞かれることはないと言われています。東大の国語の入試問題であっても、基本的に、「What」と「Why」しか聞かれません。文章のどこかに下線が引かれて、「これはどういうことか説明しなさい」という問題と、下線が引かれた部分に対して「これはなぜか説明しなさい」という問題、この2つのパターンの問題以外はほぼ出題されていません。受験生がその文章を理解しているかどうかを問うのに、「What」と「Why」以外は必要ない、と東大は考えているわけです。であればやっぱり、この2つで十分なのだと思います。

▼東大生は「＝」と「↓」でノートをまとめる

さて、この2つの問いについて説明する前に、少しだけ話を東大生のノートやメモの話に戻させてください。東大生が相手の話を聞いて整理するために書いているメモには、2つの記号がよく出現しています。

それは、「＝」と「↓」です。

たとえば、

「蜘蛛の糸は強いだけでなく、耐久性がある。1箇所が壊れても大丈夫なように、網目状の構造になっているためである。したがって、蜘蛛の糸と同じような仕組みを作ることができれば、耐久性のあるシステムが作れる」

という文章があるとすると、次のように整理できます。

「蜘蛛の糸は強いだけでなく、耐久性がある」
↓「1箇所が壊れても大丈夫なように、網目状の構造になっているため」
＝「蜘蛛の糸と同じような仕組みを作ることができれば、耐久性のあるシステムが作れる」（例：インターネット。World Wide Web は蜘蛛の巣がヒント）

その情報と因果関係のある情報を「↓」で結び、同じような情報を「＝」で結ぶことで、情報を整理しているのです。そしてここには、「Q」とか「A」とかは書かれていませんが、先ほどからお話ししている「問いと答えで整理する」ということがされているノートです。

たとえばこのノートでは、「蜘蛛の糸は強いだけでなく、耐久性がある」↓「1箇所が壊れても大丈夫なように、網目状の構造になっているため」となっています。

これは、

Q なぜ、蜘蛛の糸は強いだけでなく、耐久性があるのか？

A 1箇所が壊れても大丈夫なように構造化されているため

という、「なぜなのか（Why）」という問いと答えの関係にあることを示しています。

また、「蜘蛛の糸は強いだけでなく、耐久性がある」＝「蜘蛛の糸と同じような仕組みを作ることができれば、耐久性のあるシステムが作れる」とありますが、これは、

Q 『蜘蛛の糸は強いだけでなく、耐久性がある』とは、どういうことか？

A 『蜘蛛の糸と同じような仕組みを作ることができれば、耐久性のあるシステムが作れる』ということ

「→」と「＝」で整理する

> 蜘蛛の糸は強いだけでなく、耐久性がある。１箇所が壊れても大丈夫なように、網目状の構造になっているためである。したがって、蜘蛛の糸と同じような仕組みを作ることができれば、耐久性のあるシステムが作れる。

Why なぜ、蜘蛛の糸は強いだけでなく、耐久性があるのか？

⇨ **Answer** １箇所が壊れても大丈夫なように構造化されているため

What 「蜘蛛の糸は強いだけでなく、耐久性がある」とは、どういうことか？

＝ **Answer** 「蜘蛛の糸と同じような仕組みを作ることができれば、耐久性のあるシステムが作れる」ということという、「どういうことか（What）」という問いと答えの関係にあることを示しています。

「Why」と「What」を使って情報を整理するというのは、このように、それぞれの情報を「↓」と「＝」で結んでいくことを意味します。

「あのさ、この前お願いした仕事なんだけど、どう？　どれくらい終わってる？　来週の金曜日が締め切りってことでお願いしてるわけなんだけど、実はさっきちょっと先方から、『現時点での進捗だけでいいので可能であれば教えてください』ってメールが来ててさ」

←

「来週の金曜日が締め切りの仕事の進捗を聞きたい」

↓「先方から進捗確認のメールが届いたため」

＝「先方に送るための進捗報告が必要」

これを、問いと答えのフォーマットに直すと、こうなります。

Q なぜ、「来週の金曜日が締め切りの仕事の進捗を聞きたい」のか？

A 先方から進捗確認のメールが届いたため

Q 「先方から進捗確認のメールが届いたため」とはどういうことか？

A 先方に送るための進捗報告が必要ということ

こんなイメージです。これを、実際に紙とペンを使ってメモを取ることで整理していいと思いますし、頭の中だけで整理しても大丈夫です。とにかく、情報を「＝」と「↓」で結んで整理していくことができれば、書かれていることや言っていることをきちんと理解することができるようになります。

文章はすべて「具体化」「抽象化」「因果関係」でできている

「What」と「Why」について、順番に説明していこうと思います。その前にまず、「＝」で結ぶ情報にも、2つの種類があります。それは**「具体化と抽象化」**です。そもそもみなさんは、「具体化・抽象化」という言葉を知っていますか？

具体化は、言葉にいろんな説明を加えて、わかりやすくすることです。一番わかりやすいのは、**「たとえば」**という言葉を使った説明ですね。これは、何か具体的な例を出して、相手にわかりやすく説明しようとすることです。

「お菓子が好き！」と言ったときに、お菓子にもいろんなものがあります。「どんなお菓子が好きなのか？」という問いを想像すると、ケーキもアイスもお菓子だし、チョコもクッキーもお菓子ですよね。

「お菓子が好き」＝「ケーキやアイス、チョコやクッキーが好き」

という感じで、ここには「＝」が入るわけです。

それに対して抽象化は、この逆です。たとえば、「ケーキとかアイスが好きなんだよね！」という友達に対して、「ってことは、あなたはお菓子が好きなんだね！」というのは、「ケーキ」「クッキー」といった具体的なものを聞いて、それの共通点である「お菓子」という要素を抜き出し、「お菓子が好き」という情報に変換しています。

「ケーキやアイス、チョコやクッキーが好き」＝「お菓子が好き」

具体化と抽象化

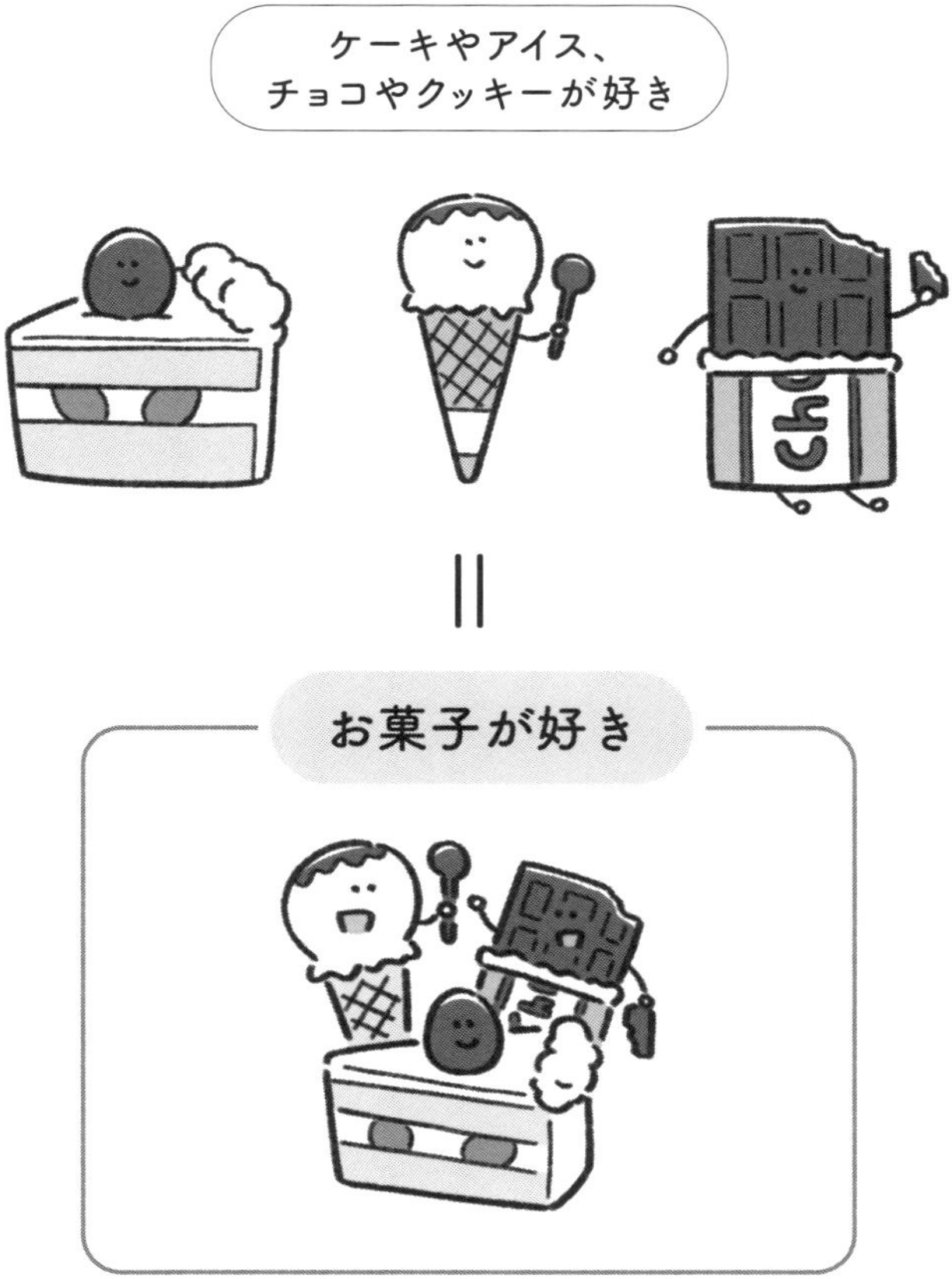
ケーキやアイス、
チョコやクッキーが好き
＝
お菓子が好き

というように、ここにも「＝」が入ります。このように、抽象度を高めたところで共通点を見つけて一括りにし、簡潔に伝わりやすくしていくイメージが、「抽象化」です。接続詞の**「つまり」**を使って言いまとめているものなどがそれに当てはまりますね。

▼因果関係を整理する

それに対して、「↓」で結ぶ因果関係がある情報の整理の仕方も覚えておく必要があります。要するに、**「なぜ？」**という問いと答えで整理できる情報のことです。

「なぜ？」という問いは、目の前にある結果に対して、その原因が何なのかを問うものです。友達が頭に包帯を巻いていたら、「なぜ？」と問いますよね。それは、「頭に包帯を巻いている」という結果が、どんな原因によって発生しているものなのかを問うための質問です。「階段から落ちた」のかもしれませんし、「ぶつけてたんこぶができてしまった」のかもしれません。いろんな可能性があって、その中で「何が」本当の原因なのか、ということを聞いています。この原因と結果を「↓」で結ぶことで、情報が整理されるということですね。

　さて、このあたりの説明に関して、「なんかいきなり、すごく当たり前の話をし始めたな」と思う人もいるかもしれません。でも、実はこの当たり前のことが、すごく重要なのです。なぜなら結局、煎じ詰めて考えてみると、**人の話も文章も、「具体化と抽象化と因果関係の繰り返し」でしかない**からです。どんなに難しい話でも、どんなに難解な文章でも、これ以外のことをしている文章は存在しないんですよね。

　たとえば、この章で書いている僕の文章だってそうです。

「事実を整理するというのは、具体的に言うと、問いと答えを整理するということなんです。問いと答えを整理するというのは具体的に言うと、What（＝）とWhy（↓）で整理するということなんです。What（＝）で整理するというのは具体的に言うと、具体化と抽象化ということなんです。Why（↓）で整理するというのは具体的に言うと〜〜」

というように話を展開しているだけです。

ネタバラシをしてしまえば、最初に抽象的なことを言って、それをどんどん具体化していっているだけで、根本的なメッセージはずっと変わっていないんです。

もちろん、ずっと具体化するだけだとあまり面白くないので、少し手を加えてもいます。

たとえば、先ほどは「僕は東大の授業でこんなことがあって〜」というような具体的なエピソードを紹介した上で「というわけで、質問って大事なんです」と抽象化した話に結論付けたりもしましたよね。また、「何で問いと答えが重要なのか」という問いを使いつつ説明したりもしました。

でも結局、やっていることは、「＝」と「↓」で情報を結び続けているだけなのです。みなさんは気付いていなかったかもしれませんが、実際に僕の文章はそういう作り方しかしていないのです。僕の文章だけじゃなくて、世の中の文章は全部、「＝」と「↓」で情報を結び続けているだけだと言えると思います。

みなさんは「文章」と聞くと、なんだか難しいもので、いろんな情報が詰まったわけのわからないものというイメージがあると思いますし、ここまでこの本を読んでいただいて「いろんな話を聞いたなぁ」と思っているかもしれません。しかし、1つのメッセージを、手を替え、品を替え、言い換えているだけなのです。というか、2つも3つも言いたいキーメッセージがある文章って、めちゃくちゃ書きにくいですし、読みにくいです。

1つのメッセージを、具体化と抽象化と因果関係を繰り返して、文章にしていくというのが、多くの文章の作り方であり、そのことさえ知っていれば、大体の話はなんとなく要点がつかめるようになるものなのです。これに関しては第2章でもう一度お話をするのですが、ぜひここでも理解しておいてください。

「＝」と「↓」を実践してみよう！

桜の花は、なぜ「死」につながるのか？

では、実践編です。次の文章の情報を整理してみましょう。

①みなさんは桜に対してどんなイメージを持っていますか？　おそらくは春の代名詞とか、きれいな花の代表とか、そんなイメージを持つ人が多いと思います。4月になれば必ずお花見に行くという人も多いのではないでしょうか。しかし実は、この桜に対して、文学の世界では「死」のイメージが付与されていることをご存じでしょうか？

②梶井基次郎の短編小説『櫻《さくら》の樹の下には』では桜の下に死体が埋まっていて、その死体の血を啜《すす》って桜はきれいに咲いている、なんて話が作られていました。また坂口安吾の短編小説『桜の森の満開の下』でも、人の死と残虐性がテーマになっていました。文学作品の中だと、なぜか桜は「死」を象徴するようなものとして描かれているのです。

③なぜこんなイメージが付いているのかはいろんな説がありますが、古

事記で桜を生んだ女神とされている木花咲耶姫（コノハナノサクヤヒメ）が短命だったことから「桜」＝「寿命が短い」と考えられていたというものもあります。これが正しいかはわかりませんが、確かに桜って、とてもきれいなのにすぐに散ってしまうというイメージがありますよね。その儚《はかな》さが桜の美しさを際立たせているわけですが、それがまさに我々の「命」のメタファーになっているのではないかと考えることもできます。

まず、①では「桜に対してのイメージ」について触れられていて、「春の代名詞」といったイメージと、「文学の世界での『死』のイメージ」が語られています。まとめると、

「桜に対してのイメージ」
＝「春の代名詞・きれいな花」
＝「文学の世界では『死』のイメージ」

となりますね。「桜に対してのイメージはどんなものか?」という問いに対して「春の代名詞・きれいな花」「文学の世界では『死』のイメージもある」という回答が作られているという関係性であることがわかるでしょう。

次に、②では、「『櫻の樹の下には』では桜の下に死体があった」「『桜の森の満開の下』では人の死と残虐性がテーマだった」「文学作品の中だと、桜は「死」を象徴するものである」という情報が書かれています。この3つの情報、どんなつながりがあると思いますか? 実はこれ、全部同じことを言っているのです。

「文学の世界では桜は『死』のイメージ」
=「『櫻の樹の下には』では桜の下に死体があった」
=「『桜の森の満開の下』では人の死と残虐性がテーマだった」

ということです。先ほどお話しした、「具体化」の「What」ですね。そう考えると、①からここまでずっと同じ話しかしていないことがわかります。

では③はどうでしょう？　最初に、「なぜこんなイメージが付いているのか」と書かれていますね。ということは、「文学の世界では桜は『死』のイメージ」という、最初の段階から出ていた情報に対して「Why」という質問が入った形になります。その答えとして、「古事記で桜を生んだ女神が短命だったから「命と同じように儚いものだから」という話が書かれています。

「なぜ桜は『死』のイメージなのか？」
↓
「古事記で桜を生んだ女神が短命だったから」
↓
「命と同じように儚いものだから」

という感じですね。
まとめると、こんなふうになります。

「桜に対してのイメージ」
＝「春の代名詞・きれいな花」
＝「文学の世界では『死』のイメージ」

「文学の世界では『死』のイメージ」の具体例
＝「『櫻の樹の下には』では桜の下に死体があった」
＝「『桜の森の満開の下』では人の死と残虐性がテーマだった」

「なぜ桜は『死』のイメージなのか？」
↓「古事記で桜を生んだ女神が短命だったから」
↓「命と同じように儚いものだから」

このように、「＝」と「↓」を用いることで、情報は整理されていきます。
そして、何度もこの訓練を実践している中で、文章を読んだり、相手の話を聞いたりしている最中にもう、「次はこの質問が来るだろうな」ということは先回りして理解できるようになっていきます。

たとえば、「文学の世界では桜は『死』のイメージ」という話が登場した時点で、「具体的にはどういう話があるのか？」という問いと、「なぜそんなイメージが付いているのか？」という問いは、なんとなく思い付くという人もいるのではないでしょうか？

このように、情報に対して質問を考えていくと、その答えが、相手の話や文章の後のほうになって話されるということがよくあります。これを意識して聞いていると、相手が何の話をするのか、先回りして考えることができるようになる。要するに、相手がどんな話をするのか、話を聞きながら大体予想がついてしまうというわけです。

先ほど、「相手の話を、質問を考えながら聞く」という行為を実践したほうが、理解力が上がるという話をしましたが、それはこんなふうに、質問を先回りしながら話を聞くことにつながるからだと考えられます。「こういう質問が考えられるな」と思ったことに対して、「こんなふうに疑問に思う人もいると思うのですが、その答えはこうなんです」という流れで話が展開され、「そうそう、それを疑問に思っていたんだよな」と考えて相手の話を聞くことができるようになるというわけです。

▼切り捨てていい情報の見つけ方

ちなみに次の第2章では、インプットの逆でアウトプット、つまり「自分から相手に話をするときにはどのようにすればいいのか」についてみなさんにお話しするのですが、根本的なメッセージと相容れない内容・あまり関連性が薄い内容に関しては、なくてもいいものと捉えることができると思います。今回であれば、「桜に対してのイメージ」＝「春の代名詞・きれいな花」という内容は、先の文章を読んでいくと、「＝」や「↓」でつながるところが少なく、関わる情報も少なそうな情報ですよね。ですから、もしみなさんが「この文章ってどういう話をしていたの？　説明して」と言われたら、こういった部分は切り捨ててもいいかもしれないと考えていいと思います。このように、情報を整理すれば、何が大切で何がいらないのかがわかるわけですね。

いかがでしょうか？「↓」と「＝」で整理するというプロセスを、自分の中にインストールできましたか？ 1つ例題を出しておくので、ぜひやってみてください！

▼長くてよくわからない話をまとめてみる

Q 話の長い上司は何を言いたいのか。「↓」と「＝」を使って整理してください

「あのさ、この間、部内で出ていた企画のことなんだけど、ちょっとプレゼン資料を整理しておいてもらえる？ まあ、すぐじゃなくていいんだけど、来週水曜日の会議で使いたいから、できるだけ早めにね。自分も一度チェックしたいし。で、具体的にどうまとめるかは、ちょっと考えてもらいたいんだけど、この件についてあまり詳しくない役員がいるから、単にリストにするだけじゃ

なくて、何かこう、見やすくというか、わかりやすくというか、そういう感じにしてほしいんだよね。あと、過去の資料とかも参考にできるなら使ってほしいし、必要なら他の人にも聞いてみて。じゃ、よろしく！」

A　上司は何を言いたいのか

企画のプレゼン資料をまとめてほしい

↓来週の会議で使いたいから、資料をまとめてほしい

＝早めにまとめてほしい

＝単にリストにするだけでなく見やすく／詳しくない役員がわかりやすいように／過去の資料を使ってほしい

・こんな質問で確認してみよう

「来週の会議に備えて、プロジェクトチーム以外の人が見てもわかりやすいように、過去の資料との比較も交えながら、月曜日くらいまでにまとめればよいでしょうか？」

情報解釈とは、質問の答えを考える「自分で考える」こと

「進捗だけ聞きたい」のクライアントの意図は何だったのか？

さて、こうやって整理した上で、第3章では「情報解釈」を行なっていきます。詳しい内容はそこでお伝えするのですが、その前に一つお伝えしなければならないことがあります。

「情報解釈」とは実は、この章でやった「事実整理」の延長線上にあるものなんです。というのも、解釈は「What」と「Why」で問いを立てて、その答えを自分で出すというものだからです。

「あのさ、この前お願いした仕事なんだけど、どう？　どれくらい終わってる？来週の金曜日が締め切りってことでお願いしてるわけなんだけど、実はさっきちょっと先方から、『現時点での進捗だけでいいので可能であれば教えてくださ い』ってメールが来ててさ」

この話は、先ほどお話しした通り、事実を整理すると、

「来週の金曜日締め切りの仕事の進捗が聞きたい」

「なぜなら、この仕事の発注者（先方）から、『現時点での進捗だけでいいので可能であれば教えてください』とメールが来たから」

とまとめられるとお話ししました。ここまでが「事実整理」だったわけですが、では「情報解釈」とは一体何なのかというと、

「仕事の発注者（先方）から、『現時点での進捗だけでいいので可能であれば教えてください』とメールが来たとは、どういうことか？」

ということを考えることに他ならないのです。

もちろん当然のことながら、この質問の答えの部分に関しては、上司は何も発言していません。いくら事実を整理しても、この問いの答えは出てこないのです。でも、「整理」から「解釈」に移行するにあたっては、自分で、この問いの答えを考える必要があるわけです。

「事実整理」が「相手の話を問いと答えで整理すること」なのに対して、**「情報解釈」は「自分で問いを立てて答えを考えること」**なのです。そういう意味で、「情報解釈」は「事実整理」の延長線上にあるものだと言えるわけです。

たとえば、最初の笠地蔵の例を思い出してみてください。

笠地蔵は、老人が地蔵に優しくしたことによって救われたという話でした。

でも、「なぜ老人は、地蔵に優しくしたことによって、幸せを得られたのか？」ということに対する答えは、文章中には書かれていません。この問いの答えは、読者に委ねられているわけです。おそらくはきっと、「地蔵は、信心深く優しい老人の心に感動し、それに対して報いようと思ったからなのではないか」と考えることができますが、本当にそうかどうかはわかりません。なぜならこれはやはり、勝手な「解釈」だからです。

今までは、相手の話や文章の中に答えがある情報を整理していたわけですが、ここからはその先の、相手の話や文章の中に答えがない情報を、想像して答えを作っていくという過程になります。

当然、先ほどと同じく、**その根本にあるのは「問い」です。**問いと答えを意識することで、解釈が見えてきます。第3章ではもう少し、この点についてお話ししていきたいと思います。

第2章

言語化

——言い換えることで理解は深まる

インプットは、アウトプットを意識しなければ成立しない――1日15分で頭が良くなる「書き出す」習慣

次は、言語化です。第1章はインプットの方法についてお伝えしたものだったわけですが、次はそれを整理して、アウトプットする方法についてみなさんにお話しししたいと思います。

が、その前に、おそらく多くの読者の方は、この本の構成について「ん？」と思ったポイントがあるのではないかと思います。

「何で情報解釈の前に、言語化が来るんだろう？　さっき、『事実整理と情報解釈はセット』みたいなことを書いていたのに」

「普通、しっかりと情報をインプットしてからアウトプットするものなんじゃないの？」

と。

実はここには、大きな理由があります。それは、**「事実整理と同時に行なってほしいことが、言語化だから」**です。

これについて説明する前に、僕が「この勉強法があったから自分は一気に成績が上がった」と思う勉強法についてお話しさせてください。

▼思い出して書くだけで成績が上がる「アクティブリコール」

最初にも言いましたが、僕は全然頭が良くない学生で、予備校に通っても全然授業についていけない人間でした。どうにも先生の言っていることが頭に入ってこないような印象があり、どうしたらいいのか苦しんだ時期が長かったです。そんなときに、思い切って予備校の先生に、「一体どうすれば、成績が上がりますか?」と聞いてみたのです。その先生は東大合格者を何人も指導しているベテランの先生で、東大生の勉強法にとても詳しい人でした。

その先生は僕に、ある勉強法を教えてくれました。それは、**「アクティブリコール」**と呼ばれる勉強法でした。

- **毎晩15分、その日勉強したことや授業を聞いて理解したことを、白いノートを用意してそこに書いてみる**
- **そのときは、何も見ずに、自分の記憶を頼りにして、文字にしてみて、覚えている限りの情報を書いてみる**
- **15分経ったら、ノートを取り出し、その内容がどれくらい頭に残っているのかを確認してみる**

というものです。僕はこれを毎日、習慣的にやってみることにしました。毎日白い紙に、「○○という人物がこんなことをした」「この公式はこうやって使う」などと、科目関係なく覚えていることを書いてみるようにしたのです。

これ、実際に試してもらったらわかるのですが、最初はほとんど何も書けませんでした。勉強したはずのことですし、ノートを見返したら「ああ！　そうだった！」とわかるのですが、しかしなんのとっかかりもなく自分の記憶だけを頼りにすると、最初は何も書けません。

しかし、何度もやっているうちに、だんだん書ける内容が増えてきたのです。こんなことを習ったな、これはこういうつながりがあるんだったな、と整理できるようになってきたのです。

▼「アウトプット」を意識すると「インプット」の質が高まる

これは別に、僕の記憶力が上がったわけではありません。15分間のアクティブリコールの質が変わったというわけでもありません。ただ、「今日の夜、またこれをアウトプットしなきゃならないんだよな」という気分で、インプットすることができるようになったから、書けるようになったのです。「後から何も見ずに、白い紙に書けるようにする」のが勉強の前提になると、「後で再現できるように、ちゃんと自分の頭で理解しなきゃ！」という意識の中で情報を頭に入れることになります。そうすると、頭への入り方が全然違うのです。

そして、この習慣を身に付けておくと、不思議と授業も頭に入ってくるようになったのです。ただ漫然と話を聞いていたときにはわからなかったようなことが理解できるようになり、「ここは覚えておかなきゃな」「これを覚えておけば、こっちのことも思い出せるようになるはずだ」と頭が整理されるようになったのです。

そこから僕が学んだのは、**「インプットは、アウトプットを前提にすることで質が高くなる」**ということです。

ここからこの本では、学んだことをどう言語化するか、聞いた情報を言語化してどうまとめるのか、そのアウトプットの方法についてみなさんにお話ししたいと思います。

が、それは、アウトプットの質を高めるための勉強法についてお伝えするのではありません。むしろ逆です。アウトプットの方法を知ることで、聞く姿勢が変わり、インプットの質が高くなっていくのです。このことを前提に、今からの話を聞いていただければと思います。

相槌を見れば相手の理解度がわかる？

どの人が理解できている？

A　静かに聞いている人

B　うなずいている人

C　「こういうことですか？」と聞いてくる人

ちょっと話が脱線するんですが、みなさんは、「相槌の打ち方を見れば、相手の頭の良さがわかる」と言ったらどう思いますか？　相手がどんなふうにこっちの話を聞いているのか、どんな相槌を打ちながら話を聞いているのかを見るだけで、相手がどれくらい理解してくれているのかがわかる、という話です。「相槌だけでそんなことわかるものなの？」と考える人がほとんどだと思いますが、これは実際に予備校で用いられている、生徒のレベルを判断するためのテクニックなのです。

たとえば、2万人以上の東大志望者を指導している駿台予備校講師の宇野仙《たける》先生から話を聞いたときに、こんなことを言っていました。

「私の元にはよく、生徒がやってきて、授業の質問をしてくれます。その際に、私は生徒の相槌を3パターンに分けて観察しています。

1つ目のパターンは、何かを説明したときに、なんの相槌も打たないパターン。この場合は、今の説明が本当の意味ではわかっていないことが多いです。

2つ目のパターンは、何かを説明したときに、『なるほど』と言ったり、こちらが言ったことをそのまま繰り返して言うパターン。この場合は、理解していることを示そうとしていますが、実際には腹落ちしていない場合が多いです。自分ではわかったつもりになっているけれど、実際には理解しきれていないことがあります。

3つ目のパターンは、何かを説明したときに、『なるほど、〇〇なんですね』と自分の言葉で説明してくれるパターンです。この場合は、本当に理解していて、テストでも再現できる状態になっていると言えます」

「なるほど」だけだと理解していない場合が多い、というのはちょっと怖い話ですね。実際、僕も教えている生徒に対してこの方法を試してみました。こっちの話に「なるほど」とだけ言っている生徒に「じゃあ、今、先生が話したことを説明してみて?」とお願いすると、先生の言ったこととまったく同じように説明する生徒が多いです。

一見良さそうに見えますが、それに対して「それってどういうこと？」と追加で質問をしていくと、「え、うーん」と、言葉に詰まってしまいます。自分の言葉ではなく、まったく同じように説明しているだけなので、一言一句同じように再現はできるけれど、本当の意味では理解していない場合が多いのです。

そうすると、理解したつもりでも、応用もできませんし、自分の中での咀嚼《そしゃく》も足りていない状態になってしまいます。重要なのは、先生の話を言い換えながら、「なるほど、〇〇なんですね」と自分で説明できるようにすることなのです。

▼東大生は、先生の言葉をすべて言い換えている？

さて、当然ながら東大生は「3つ目のパターン」の相槌を打っています。そしてなぜそんなことができるのかと言えば、僕はノートやメモの取り方に秘密があると考えています。

僕が東大生たちのノートを分析したときに、もう1つ、面白い事実がわかったのです。

それは、**「東大に合格している人のノートは、決して先生の言っていることのコピーアンドペーストをしていない」**ということでした。

具体的に説明します。一般的に、メモやノートを書く作業というのは、先生が言ったことや黒板に書いてあるものをそのまま書き写す場合が多いと思います。

「アッバース朝*では、アラブ人だけではなく、イラン人やトルコ人が受け入れられました。今までのアラブ人の民族国家というニュアンスから、西アジア全域を支配する世界帝国へと移行したと言えます」

と言われたら、そのまま「アッバース朝では、アラブ人だけではなく、イラン人やトルコ人が受け入れられた。今までのアラブ人の民族国家というニュアンスから、西アジア全域を支配する世界帝国へと移行したと言える」とノート

*イスラーム王朝の国の1つ。ウマイヤ朝を倒して成立

に書き写す場合が多いのではないかと思います。

しかし、東大生の多くは、聞いたり読んだりした言葉をそのままコピーアンドペーストで書き写すことはしません。絶対に、「言い換え」を行ないます。先生の言葉や教科書の文言を、違う言い回しで書くのです。

先ほどの「＝」とか「↓」を使って、

> 『アッバース朝』＝「アラブ人・イラン人・トルコ人などの多民族国家へ」
> ↓アラブ人の民族国家から、西アジア全域を支配する大規模多民族国家へと移行した

こんなふうに言い換えたり、先ほどの「問いと答え」で整理して、

Q アッバース朝が、それまでのイスラーム王朝と大きく異なったポイントはどこか？

A アラブ人だけでなく、イラン人・トルコ人なども受け入れたことから、ア

郵　便　は　が　き

料金受取人払郵便

新宿北局承認

9197

差出有効期間
2026年4月
30日まで
切手を貼らずに
お出しください。

169-8790

174

東京都新宿区
北新宿2-21-1
新宿フロントタワー29F

サンマーク出版愛読者係行

ご住所	〒　　　　都道府県	
フリガナ		☎
お名前		(　　　)
電子メールアドレス		

ご記入されたご住所、お名前、メールアドレスなどは企画の参考、企画用アンケートの依頼、および商品情報の案内の目的にのみ使用するもので、他の目的では使用いたしません。
尚、下記をご希望の方には無料で郵送いたしますので、□欄に✓印を記入し投函して下さい。
□サンマーク出版発行図書目録

1 お買い求めいただいた本の名。

2 本書をお読みになった感想。

3 お買い求めになった書店名。

市・区・郡　　　　　　　町・村　　　　　　　書店

4 本書をお買い求めになった動機は?

・書店で見て　　　　・人にすすめられて
・新聞広告を見て(朝日・読売・毎日・日経・その他＝　　　　)
・雑誌広告を見て(掲載誌＝　　　　)
・その他(　　　　)

ご購読ありがとうございます。今後の出版物の参考とさせていただきますので、上記のアンケートにお答えください。**抽選で毎月10名の方に図書カード（1000円分）をお送りします。**なお、ご記入いただいた個人情報以外のデータは編集資料の他、広告に使用させていただく場合がございます。

5 下記、ご記入お願いします。

ご職業	1 会社員(業種　　) 2 自営業(業種　　) 3 公務員(職種　　) 4 学生(中・高・高専・大・専門・院) 5 主婦　　6 その他(　　)		
性別	男・女	年齢	歳

ホームページ　http://www.sunmark.co.jp　　ご協力ありがとうございました。

ラブ人民族国家から、西アジア全域を支配する大規模多民族国家へと移行したこと

とまとめる人もいます。いずれにせよ、先生の言っていることを自分なりに言い換えて、自分なりの言い方で書いている場合が多いのです。そのため、一見すると「これが、あの授業のノートなの？　先生が黒板に書いていた内容と全然違うけど」となることも多いです。

情報は、そのままだと、ただの文字列でしかなく、活用できないものです。そしてその情報をそのまま書き写すというのは、写真を撮って保存しているようなものであり、頭には入っていないのです。

ちょっと脱線しますが、自分の恥ずかしい話を1つご紹介させてください。「夏の大三角」って、デネブとアルタイルとベガですよね。これを題材にして、とある曲で「『あれがデネブ　アルタイル　ベガ』、君は指さす夏の大三角」という歌詞があります。

で、僕はなぜかその歌詞を聞いて「夏の大三角」を「アレガ・デネブ・アルタイル・ベガ」だと覚えていたんですよね。いや、本当にバカだなあと自分でも思うんですけれど、「デネブとアルタイルとベガという星がある」と覚えておらず、ただ「夏の大三角」＝「アレガ・デネブ・アルタイル・ベガ」と覚えていたわけです。

だから「夏の大三角を答えなさい」という問題に、覚えていた歌詞をコピーアンドペーストして、「アレガ・デネブ・アルタイル・ベガ！」と答えてしまいました。それで先生からすごく怒られて……。

まあ僕のエピソードはここらへんにして、これと同じように、情報を情報として、文字列を文字列として認識してしまうことって結構ある話です。意味を理解せず、ただ丸暗記するだけではいけないわけです。「デネブとアルタイルとベガという星がある」というように、自分で言い換えられるようにならなければならないわけですね。

情報は、自分なりに噛み砕いて、言い換えて理解しなければ意味がないのです。

理解できているかを測る手段＝言い換え

——選択肢だけで試験問題の答えを当てる

英語の問題。
選択肢だけで、どれが答えかわかりますか？

1 public transport
2 subway
3 on foot
4 taxi

さて、「言い換え」というものが、どれほど効果があるもので、どれほど重視されるべきものなのかをみなさんに知っていただくために、受験や資格試験に関係するお話をさせていただきます。

みなさんは、英語の試験は得意ですか？　日本人には英語の試験がすごく苦手という人が多く、資格試験にチャレンジする勇気がなかなか湧かないという人も多いのですが、実は受験の英語や英語の資格試験の問題のほとんどは、第1章でもご紹介した「具体化」と「抽象化」でできているという話があります。

たとえば、英語の文章の読解をする問題があったとします。主人公がbusに乗って登校している、ということが文章中で述べられた上で、「主人公はどうやって登校しているでしょうか？」という4択の問題があったとします。

この場合、どんな選択肢が正解になるでしょうか。もちろんそのまま「bus」という英単語を使ってしまうと、答えがすぐにわかってしまいますから、そういう問題はあまり出題されません。

結論からお話しすると、英語の試験ではこんなふうに選択肢が作られる場合が多いです。

1 public transport
2 subway
3 on foot
4 taxi

答えは「1」ですね。

「2」は「地下鉄」、「3」は「徒歩」、「4」は「タクシー」なので、「1」とは抽象度が全部違いますよね。「1」は、「公共交通機関」であり、バスも「公共交通機関」の1つですよね。ですから答えは「1」になります。

「バス」という具体的なものを、抽象的に「公共交通機関」と言い換えて、それを正解にしているわけですね（ちなみに全部がこのパターンではないので、実際の試験では問題をきちんと読んでください)。

また逆に、**具体的に言い換えている場合**もあります。

たとえば「A駅からB駅を結ぶ公共交通機関」というような選択肢が答えになっている場合もあります。

英語の試験では、基本的にはこの2種類の言い換えを駆使して問題が作られています。なぜなら、たとえばもし今回の問題の選択肢に「bus」があったとしたら、「この bus という英単語がどういう意味かはわからないけれど、きっとこれだろう」という考えで選択されてしまうからです。そうなると、本当にその人がこの文章を読めているのかどうかがわからなくなってしまいますよね。「bus に乗って登校しているってことは、毎朝A駅からB駅を結ぶ公共交通機関で通学をしているってことなんだな」と、しっかりと言い換えられる状態であれば、その文章の内容を真に理解していることになります。だからストレートにそのままの英単語を答えにはせず、**具体化と抽象化で言い換えをした選択**

肢を正解にしているわけですね。

ちなみに、具体化と抽象化を応用して、難易度がもう1段階上の「類推」が問題になっている場合もあるのですが、これについては第3章でお話しします。

ともかく、相手がその内容を理解しているのかどうかを判断する基準として使われているのが、「言い換え」だということは、ぜひ知っておいていただきたいポイントです。「言い換え」ながら話を聞いている人は、理解もできて、試験でも評価されるわけですね。

「どういうことか」と自分に問い続ける

ということで、ここまでで「頭がいい人がどんなふうにアウトプットしているのか」と「言い換えできれば理解していることになる」ということについて、納得してもらえたのではないかと思います。とはいえここまでだと、「じゃあどうすればいいの？」って感じだと思います。

実はこの章でみなさんにお伝えする方法は、すごくシンプルです。**「○○とはどういうことか？」という質問を、繰り返し自分に対して投げ掛けて、その答えを出していく。**この章でみなさんにやってもらうことは、これだけです。

第1章でも、「相手の話に対して、質問を考えながら聞く」という行為をおすすめしたわけですが、まさにこの章でも同じことをします。相手の話を聞いて、

「それはどういうことか？　言い換えるとどういう言い方になるのか？」という質問を考えながら、その答えを出していくのです。

「桜には『死』のイメージがある、とはどういうことか？」

「桜の儚さが命のメタファーになっている、とはどういうことか？」

ということを、言い換えていくのです。

相手の話や文章に対して、「言い換え」を行なっていきます。最初は全部を言い換えるのは難しいでしょうから、一部分だけでいいので、「○○とはどういうことか？」という質問の答えを作っていきます。

たとえば先ほどのアッバース朝の説明についての文章を言い換えてみましょう。

「アッバース朝では、アラブ人だけではなく、イラン人やトルコ人が受け入れられました。今までのアラブ人の民族国家というニュアンスから、西アジア全域を支配する世界帝国へと移行したと言えます」

これを、みなさんならどう言い換えますか？　重要なのは、「抽象化」と「具体化」です。たとえば、「アラブ人だけではなく、イラン人やトルコ人が受け入れられました」という言葉を抽象化してみましょう。「イラン人」とか「トルコ人」というのは、具体的な民族の名称ですよね。「ケーキ」とか「プリン」という具体例を「デザート」と抽象的に言い換えられるように、これも共通点を見つけて言い換える必要があります。ここでは、「アラブ人以外の民族」とか「たくさんの民族」とか、そんなふうに言い換えることができます。

「アッバース朝では、アラブ人だけではなく、イラン人やトルコ人が受け入れられました」
＝「アッバース朝は、今までのイスラーム王朝とは違い、たくさんの民族で構成されるようになったということ」

逆に、「世界帝国」という言葉は、抽象的でわかりにくいので、具体化することで理解できるようになります。ここで言う「世界帝国」って、どういう意味でしょう？　アラブ人の民族国家というニュアンスから変わった、ということが書いてあるので、その逆として、「多民族によって構成される規模の大きな国」と書くことができるでしょう。

「今までのアラブ人の民族国家というニュアンスから、西アジア全域を支配する世界帝国へと移行したと言えます」
＝「アラブ人だけで構成される民族国家ではなく、多民族によって構成される規模の大きな国になったということ」

このように、具体化と抽象化を使って、よりわかりやすく噛み砕いていく必要があるわけですね。第1章で、「What」という問いで情報を整理したのと同じように、情報を自分の頭で言い換えていくわけです。

さっきの第1章とちょっと違うのは、自分の言葉で補って答えを出していく必要があるということです。第1章の最後で「情報解釈」は「自分で問いを立て答えを考えること」だと説明しました。答えが書かれていない問いを自分で立てて、答えを出していく過程が「情報解釈」だ、と。それと同じで、結局「どういうことか?」という問いの答えのすべてが相手の話の中にあったり、文章に書いてあるわけではありません。もちろん一部はしっかりと書かれているわけですが、全部は書かれていませんから、自分の言葉で補いつつ考えなければなりません。

このとき、自分の言葉で補うからこそ、情報が頭の中に入ってきます。コピーアンドペーストするのとは違い、聞いた情報を言い換えることになりますから、その過程で理解が進んでいくわけです。

もちろん、最初は難しく感じることでしょう。でも、これは最初から、完璧である必要のない過程なのです。なぜなら、**こうやって言い換えを考える行為自体が、「物事を噛み砕いて理解する」=「情報を咀嚼する」ということと同義だからです。**それが合っているかどうかはあまり重要ではなくて、自分なりに言い換えるその過程自体に意味があるということです。ぜひ、実践してみてください。

▼「どういうことか」は、「結局何が言いたいのか」につながる

さて、「どういうことか」を繰り返していく中で、一番難しい「どういうことか」は、「結論」に関わる部分です。文章であれば最後の「まとめ」の部分、人の説明であれば「ということで、つまりは〜」と話している部分を言い換えるのは、なかなか骨が折れます。

たとえば先ほどの桜に関する文章では、「桜の儚さが命のメタファーになっている」と書いてありましたので、これに対して「どういうことか？」という問いを考えてみましょう。これって結構難しいですよね。文章の中だけでは完結せず、こんな感じの答えになります。

「桜はすぐに散ってしまう儚いもので、人間の命も同じように短く儚いものであるため、桜は命と重ね合わせて語られる場合が多いということ」

最初は難しくても、何度も実践しているうちにできるようになります。

さて、「この結論は、どういうことか？」という問いは、「そもそも、何でこれを言おうと思ったのか？」というものと同じ意味合いを持つことがあります。相手の話であれば、「何が言いたくてその話を始めたのか？」ということ。文章であれば、「何が言いたくてこの文章を書き始めたのか？」ということを考えることになります。この「桜はすぐに散ってしまう儚いもので、人間の命も同じように短く儚いものであるため、桜は命と重ね合わせて語られる場合が多い」というのも、先ほどの文章が語りたかったメインメッセージであり、これを語りたいから文章が作られたようなものだと言えると思います。

ちなみに、結論に対して「どういうことか」という言い換えを求める問題というのは、国語のテストでよく出題されます。みなさんは覚えていますか？　文章が出されて、その最後のあたりに下線が引かれて、「〜〜〜とあるが、それはどういうことか、70字程度で説明しなさい」という問題が出題されているテスト。記憶のどこかにあるのではないかと思います。

古今東西、全世界的に、これと同じような問題は出題されています。なぜな

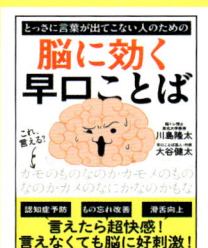

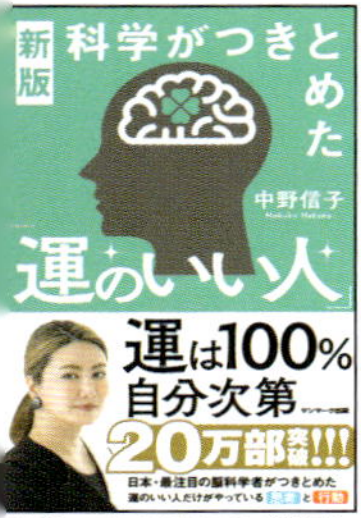

定価＝1650円（10%税込）
ISBN978-4-7631-4080-7

新版 科学がつきとめた「運のいい人」

中野信子 著

ジャンル：教養

運は100%自分次第！「運がずっといい人」には科学的根拠があります！日本再注目の脳科学者がつきとめた運のいい人だけがやっている思考と行動。強運は行動習慣の結果です！

←LINEでこの本を試し読み！

定価＝1870円（10%税込）
ISBN978-4-7631-9543-2

生き方

ジャンル：自己啓発

稲盛和夫 著

大きな夢をかなえ、たしかな人生を歩むために一番大切なのは、人間として正しい生き方をすること。世界的大企業・京セラとKDDIを創業した当代随一の経営者がすべての人に贈る、渾身の人生哲学！

←LINEでこの本を試し読み！

定価＝1540円（10%税込）
ISBN978-4-7631-4066-1

100年ひざ

ジャンル：健康

巽 一郎 著

世界が注目するひざのスーパードクターが教える
ひざが手術なしで元気になる3つの方法。
すり減った軟骨は「1分足ほうり」で甦る！
ひざにお悩みのあなたは必見です！

←LINEでこの本を試し読み！

子ストアほかで購読できます。

ら、昔から教育学の中で、「その文章の内容が理解できているのかを問うためには、結局、文章の最後のあたりに書いてある結論がどういうことなのか、言い換えられるかどうかを問えばわかる」と考えられているからです。

▼「読解力」とは、「結論」を言い換える力

「読解力」という言葉があります。文章を読み解く力のことを指し、国語ではこの能力があるかどうかを問う問題が多く出題されます。そしてそれらの問題の中でも一番頻出なのが、「結論を言い換えさせる問題」なのです。結局、「文章を読み解く力があるかどうか」は、「結論を言い換えられるかどうか」でしかないのです。先ほども、「上司は何を言いたくて、今この話をしているのか？」という問いを考えれば、自ずと相手の話を理解することができるという話をさせていただきました。

Q　なぜ、「来週の金曜日が締め切りの仕事の進捗を聞きたい」のか？

A 先方から進捗確認のメールが届いたため

Q 「先方から進捗確認のメールが届いた」とはどういうことか？

A 先方に送るための進捗報告が必要ということ

2つ目の問いは、「上司は何を言いたくて、今この話をしているのか？」という問いと同義ですよね。先方に送るための進捗報告が必要だから、自分にこの話をしている、と解釈することができます。「この結論は、どういうことか？」を考えると、「そもそも、何でこれを言おうと思ったのか？」という相手の話の根幹を理解することができるのです。ぜひ、この点は留意しておく必要があるでしょう。

▼具体よりも抽象、結果よりも原因

結論に対して「どういうことか」を考えていく中で重要なのは、「具体よりも抽象」「結果よりも原因」を探していくということです。

たとえば親から「きちんと担任の先生には挨拶するのよ？」と言われて、「わかった！　担任の○○先生には挨拶するけど、他の先生には挨拶しなくていいんだね！」と答える子どもがいたとします。きっとみなさん、「いや、そういうことじゃないんだよ」と言いたくなりますよね。なぜ親御さんが子どもに「きちんと担任の先生には挨拶するべき」と言ったのか、その理由は担任の○○先生にだけ挨拶をしてほしいというわけではないのではないかと考えられます。

おそらくその子どもに対して、「親御さんが、『きちんと担任の先生には挨拶するべき』って言ったのは、『担任の先生をはじめとする、目上の人には挨拶をするべきだ』って言いたかったんだよ」と言うのではないでしょうか。

▼「結局何が言いたいのか」は、川の上流を見るようなもの

これと同じで、具体的な例を聞きながらも、抽象的な話として相手の言いたいことを理解する必要があります。それが、**「本当は何が言いたいのか」を考え**

る**行為**になるのです。

もちろんこれは、「きちんと担任の先生には挨拶するべき」という言葉に対して、自分なりに抽象的に言い換えたもので、事実の整理ではなく自分の勝手な解釈でしかありません。第1章の事実整理と違って、結論を考えるということは、自分で想像した解釈をすることにもなるのです。

上司から「締め切りは金曜日なんだけど、事前確認をしたいから、やっぱり木曜日に提出してほしいんだよね」と言われたとします。このとき、「わかりました！　本当はもうほとんど終わっているので水曜日に提出するつもりだったのですが、木曜日でいいんですね！」とはならないですよね。

「木曜日に提出してほしいとはどういうことか」、つまりは「なぜ、木曜日に提出してほしいと上司は言ったのか」という理由を考えると、上司はこれに対して「自分も事前確認をしたいから」と言っています。「事前確認をする時間が必要なので、金曜日よりも前に提出してもらいたかったから」だとわかりますよね。ということは、事前確認をする時間が取れるのであれば、水曜日でもいいかもしれません。逆に、「すいません、木曜日いっぱいかかりそうなので、金曜日の朝イチにお見せしてもいいですか？　それであれば午後の提出に間に合うと思うのですが」と話すこともできるかもしれません。

このように、相手の話の結論を言い換えて考えるときには、**「具体よりも抽象」「結果よりも原因」**を意識する必要があるのです。

少し脱線するのですが、みなさんは川で遊んだことがあるでしょうか？　僕は川が結構好きで、よく遊びに行くのですが、川ってなかなか面白いんですよね。毎日行っていると、日々姿が変わるのがわかります。同じ川であっても、水が濁っている日もありますし、逆に水が澄み渡っている日もあります。石や岩が多い日もあれば、魚が多い日もあります。

でも、なぜそんなに川の姿が変わるかというのは、僕らが見ている部分だけでは説明できません。なぜなら、僕らが見ている川は、あくまでも「下流」だからです。川には、上流と下流があります。上流で雨が降っていたり天気が荒れていれば、下流も水量が増え、ときには氾濫してしまうこともあります。逆に、上流の天気が良ければ、下流の川も澄み渡ります。もし我々がその川を理解しようとしたら、下流だけでなく、上流も見なければならないのです。

「どういうことか」という問いを考えていく行為は、下流の出来事を見て、上流を確認する作業に他なりません。目の前にあることを整理しつつ、上流にある「何か」を想像するような行為だと言えます。

結論として語られていることには、すべて、そうなるまでの背景が存在しています。そう話すに至った原因や、抽象化して言いたいことが隠されています。

「下流」で物事を考えるのではなく、「上流」を探す思考が必要なのです。

▼実践してみよう！
「一概に～とは言えないかもしれない」を読み解く

では早速実践してみましょう。次の文章の結論を言い換えてみるとします。

①みなさんは、起立性調節障害というものを知っていますか？　これは、特

に思春期の子どもや若者に多く見られるもので、立ち上がった際の血圧や心拍数の調節がうまくいかず、めまいや倦怠感《けんたい》を引き起こし、朝起きられなくなったりするような機能失調のことです。ここ数年でこの病気だと診断された人数はかなり増えていることがわかっており、医療機関の報告によっては、子どもたち全体の5％程度にも上るのではないかという話もあります。クラスで1～2名はこの症状に悩まされているということですね。

②「何でそんな症状が増えたんだ？」と首を傾げる人も多いかもしれませんが、実はこれ、データのトリックがあるかもしれないのです。たとえば昔から、朝起きることが難しい人は多かったでしょう。それでも無理やり学校に行って、無理をして生活をしていた人もいたかもしれません。それが、近年この病気が認知され、「ひょっとして自分もそうなのかも」と思って病院を受診する人が増えて、その結果として医療機関でこの病気だと診断された人が増えているかもしれないのです。つまり、一概にこの病気の人が増えたとは言えないかもしれないのです。

国語の問題でよくある形式ですが、「一概にこの病気の人が増えたとは言えないかもしれないのです」とはどういうことなのか、言い換えてみましょう。何でこの病気が増えたとは言えないのかもしれないんでしたっけ?

難しかったら、まずは第1章で実践した事実整理のやり方を実践してみましょう。

②を「↓」と「=」で整理すると、こうなります。

Q なぜこの病気が増えたのか

↓**A** データのトリックがあるかもしれない

Q データのトリックとは何か?

=**A** 昔からこの病気の人はいたのかもしれないが、近年この病気が認知され、病院を受診する人が増え、医療機関でこの病気だと診断された人が増えているかもしれない」

=「この病気の人が増えたとは言えないかもしれない」

となりますね。この下線部とイコールになる情報を探していくと、その前の「近年この病気が認知され、病院を受診する人が増え、医療機関でこの病気だと診断された人が増えているかもしれない」があって、これは「Q データのトリックとは？」という問いに対する答えになっています。つまり、「この病気の人が増えたとは言えないかもしれない」というのは、「データのトリックなのではないか」と言っているのだとわかります。

そしてここから先は、自分の言葉で補いつつ言い換えをしなければなりません。「データのトリックなのではないか」とはどういうことか、言い換えてみましょう。ヒントになるのは「昔から、朝起きることが難しい人は多かったでしょう。～～近年この病気が認知され、病院を受診する人が増え、医療機関でこの病気だと診断された人が増えているかもしれない」の部分ですね。これは具体的な話ですから、文章全体を踏まえつつ、これを抽象化して考えていく必要があります。

「近年、起立性調節障害に対する認知度が上がったことによって、医療機関で

この病気だと診断された人が増えただけで、実際にはこの病気の人の人数自体が増えたわけではないかもしれないということ」

なんて答えが考えられますね。

さて、この答えをよく見てください。これ実は、ちょっと形を変えれば、この文章の要約になってしまいます。「ということ」を外せば、「近年、起立性調節障害に対する認知度が上がったことによって、医療機関でこの病気だと診断された人が増えただけで、実際にはこの病気の人の人数自体が増えたわけではないかもしれない」という、文章全体を通して筆者が伝えたかったことが明確に伝わる文章になっていますよね。実は結論を言い換えれば、それがそのまま要約になってしまうのです。

要約は、結論の言い換えでしかありません。ここまで第1〜2章でやってきたことは、そっくりそのまま要約を作ることと同じなのです。

どうでしょう？　要約なんてすごく難しいものというイメージがあるかもしれませんが、実はこんなに簡単にできてしまうものなんですね。

説明は、上流から下流に流れるように作っていこう

さて、人の話や文章を短くまとめる訓練はここまでで大体おわかりいただけたと思うのですが、誰かに何かを説明する「説明力」に関しても、ここまでの流れとまったく同じことをすればできてしまいます。

第1章でも少しお話ししましたが、文章を作る行為とは結局、抽象的な情報・自分がその文章を書いた目的に対して、「どういうことか」という問いを繰り返して情報をつなげていく作業に他なりません。

起立性調節障害と診断される人が増えているが、この病気の人自体が増えたのではなく、この病気の認知度が増加したことにより医療機関でこの

病気だと診断された人が増えただけである。

この文を結論として、文章を考えてみましょう。この文に対して、「どういうことか」を考えて具体化していくことで、文章になっていきます。

まず、そもそも最初に、

・起立性調節障害とは何か？

という問いが考えられます。この要領で考えていくと、こんな問いも考えられますね。

・「起立性調節障害と診断される人が増えている」とあるが、それはどういうことか？（＝どれくらいの人数が増えているのか？）

・「この病気の人自体が増えたのではなく、この病気の認知度が増加したことにより医療機関でこの病気だと診断された人が増えただけ」とあるが、それはどういうことか？　具体的には？（＝なぜそう言えるのか？）

この3つの問いに対して答えを考えていけば、自ずと文章はできてしまいます。

「Q 起立性調節障害とは何か?」

「A 特に思春期の子どもや若者に多く見られるもので、立ち上がった際の血圧や心拍数の調節がうまくいかず、めまいや倦怠感を引き起こし、朝起きられなくなったりするような病気のこと」

「Q『起立性調節障害と診断される人が増えている』とあるが、それはどういうことか?(=どれくらいの人数が増えているのか?)」

「A ここ数年でこの病気だと診断された人数はかなり増えていることがわかっており、医療機関の報告によっては、子どもたち全体の5%程度にも上るのではないかという話もある」

「Q『この病気の人自体が増えたのではなく、この病気の認知度が増加したことにより医療機関でこの病気だと診断された人が増えただけ』とあるが、それはどういうことか? 具体的には?(=なぜそう言えるのか?)」

「Ａ　たとえば昔から、朝起きることが難しい人は多かったが、この病気によるものだとは考えていない人が多かった。それが、近年この病気が認知され、自分もそうなのかもしれないと考えて病院を受診する人が増えて、その結果として医療機関でこの病気だと診断された人が増えているということ」

これだけで、さっきの文章がほとんどできあがってしまいます。わかりやすい文章や説明というのは、「問い」と「答え」を明確にしていくだけで成立するのです。

▼推しの感想を書いてみよう

文章の話が出たところで、よくある言語化についても考えてみましょう。たとえば、世の中には「感想」が言えないという人もいます。「よかった」「面白かった」「以上」となってしまう。

このようなときも**「なぜか」「どういうことか」の問いで、自分の中にある感**

想を引き出してくることができます。

例：『千と千尋の神隠し』
感想：「面白かった」
・「面白かった」のはなぜか？
キャラクターがイキイキとしているのが見ていて楽しかったのと、湯屋の雰囲気が好ましかった。
・「面白かった」というのはどういうことか？
見ている側がその世界に入り込めるような感覚があり、映画の楽しさってこういうことだなと思った。

「感動したのに感想がうまく出てこない」というときに、試してみてください。

文章の「わかりやすさ」とは何か？

次の文章に1文を足してわかりやすくしてください。


みなさん、次の文章は読みやすいと思いますか。

アルファベットは、abcからzまでの、26文字で構成されています。

日本語だと、ひらがな、カタカナは46文字ずつあり、それぞれに小さい「っ（ッ）」や「ゃゅょ（ャュョ）」、「ば（バ）」などの濁音、「ぱ（パ）」などの半濁音もあり、それらを組み合わせて言葉を作っているのに対して、英語は26文字しかないのです。

▼「文章がわかりにくい」＝「文章が下手」ではない

文章としてわかりにくいものは、「問い」と「答え」が明確ではない場合が多いです。たとえば、こちらをご覧ください。


みなさん、次の文章は読みやすいと思いますか。

アルファベットは、abcからzまでの、26文字で構成されています。

日本語だと、ひらがな、カタカナは46文字ずつあり、それぞれに小さい「っ（ッ）」や「ゃゅょ（ャュョ）」、「ば（バ）」などの濁音、「ぱ（パ）」などの半濁音もあり、それらを組み合わせて言葉を作っているのに対して、英語は26文字しかないのです。

26文字で言葉を作るとなると、発音で違いを作るしかありません。

たとえば日本語では「読む」の過去形は「読んだ」ですが、英語では現在形「read」に対して過去形も「read」となります。同じ言葉だけれど、発音を変えることで対応しているのです。

どうでしょうか？　おそらく、「読みにくい」という人が多いと思います。なんだか、なんの話をしているのかわからないですよね。でもこのときに、冒頭に一言だけ、こんな文言を追加したら、どうなるでしょうか？

なぜ、英語は日本語に比べて発音が難しいのでしょうか？

みなさん、次の文章は読みやすいと思いますか。

アルファベットは、abcからzまでの、26文字で構成されています。

日本語だと、ひらがな、カタカナは46文字ずつあり、それぞれに小さい「っ（ッ）」や「ゃゅょ（ャュョ）」、「ば（バ）」などの濁音、「ぱ（パ）」などの半濁音もあり、それらを組み合わせて言葉を作っているのに対して、英語は26文字しかないのです。

26文字で言葉を作るとなると、発音で違いを作るしかありません。

たとえば日本語では「読む」の過去形は「読んだ」ですが、英語では現在形「read」に対して過去形も「read」となります。同じ言葉だけれど、発音を変えることで対応しているのです。

こちらのほうが、先ほどの文章よりも圧倒的に読みやすいですよね。

先ほどの文章との違いはたった1つ。「問いが明確だ」ということだけです。「この文章がどんな問いに対する答えを出すためのものなのか」が明確になったからこそ、文章が読みやすくなったわけです。

一般的に文章がわかりづらいと言われると、てにをはや言葉遣いなどが指摘されますが、根本はそこではないこともあるのです。文章は読みやすいけれど何を言っているのかわからないこともよくあります。

だからこそ、問いに対して答えを作っていくような文章の作り方が有効になるわけです。

3つの問いで、たちどころに伝わる「自己紹介」の作り方

自分を動物にたとえた自己紹介を作ってみよう!

もう1つ例を出しましょう。たとえばみなさんは、「今から自己紹介をしてください」と言われたら、できますか？　おそらく多くの人が、難しいと言うのではないでしょうか？

でも、たとえば「次の3つの問いに順番に答えてください」と言われたら、できるのではないでしょうか。

「1　あなたを動物にたとえると何ですか？」
「2　その動物の特徴は何ですか？」
「3　なぜ、あなたは自分がその動物だと言えるのですか？」

そしてこの問いを組み合わせると、しっかりと自己紹介になります。

「私を動物にたとえると、ゾウです。ゾウは大きくてがっしりとしている割に、繊細な生き物だと言われています。なぜゾウなのかと言えば、ご覧の通り私も身体が大きいのですが、心は繊細だからです」

どうでしょう？　いい感じですよね？　これと同じように、文章も説明も、いきなり「文章を書いてください、これについて説明してください」ではうまくいきません。でも、質問に対して答えを考えていく形式なら、誰でも文章を作ることができます。

「こういうことに対して、あなたの考えを聞かせてください」と言われたときに、パッと答えられる人は少ないでしょう。「ええ？　何を言えばいいんだ？」と悩んでしまうと思います。でも、「インタビューをさせてください！　これって何でなんですか？」といくつかの質問をされたら、「それは、こういうことですよ」と一つひとつ答えを考えることはできると思います。インタビューで質問されたら答えられるのに、説明しろ・文章を書けと言われたら、難しくなってしまう。これは多くの人に共通することです。

▼自分で自分にインタビューすれば、上手に説明できる

説明・作文とインタビューの違いは、**「質問があるかないか」**です。問いに答えることはできるけれど、問いがない状態だとパッと答えるのが難しいのです。

上手に説明・作文をする人というのは、まず真っ先に言いたいことを考えて、それに対して自分で質問をしていく人です。自分で自分にインタビューをして、情報を整理していきます。そして、先ほどお話しした通りその際には、「上流から下流へ」が原則です。自分の言いたいことを明確にして、それに対してたくさんの質問を加えていくことで、うまく説明できるようになっていくのです。

「言いたいことは1つしかないけど、それでそんなに話を広げていけるものなの？」と思うかもしれませんが、大丈夫です。

川の上流と下流を比べたとき、上流は1つしかなくても、下流になっていけばいくほど複数に分かれていきます。日本海に注ぐ石狩川も、太平洋に注ぐ十

勝川も、オホーツク海に注ぐ常呂川《ところがわ》も、源流は1つしかありません。それと同じで、たった1つのメッセージであったとしても、具体化したり抽象化したりしている中で、複数に分解できるのです。

たとえば、「子どもは褒めて伸ばすべきだ」と伝えたいとします。このメッセージに対して、たくさん問いを考えていきます。

・なぜ、「子どもは褒めて伸ばすべきだ」と言えるのか?
・「褒めて伸ばす」とは具体的にどういうことか?
・「褒める」というのは、どういうことか?　どういう定義ができるのか?

などなど、たくさん考えられますね。そしてこれに対して答えを考えていけば、自然とうまく説明した文章を作ることができるようになるわけです。

コラム

すべての文章は、問いの答えとして作られている？

第1章と第2章、両方で強調していたのは、「問いと答えの重要性」でした。問いと答えを考えれば、情報も整理できるし、説明もできるし、文章も作れてしまう。だから問いと答えを考えることはとても重要だ、という話でした。

ここまでの話を踏まえて考えてもらうとわかると思うのですが、実は世の中の説明・文章ってすべて、「問い」と「答え」でできていると考えることができるんです。

たとえば、先ほどもお話しした自己紹介の文章を思い浮かべてみましょう。「自分は、こういう人間で、こういう趣味があります」と語るわけですが、これは「あなたはどういう人間ですか？」という質問に対する答えとして書かれているものですね。先ほどはそれをわかりやすくするために「あなたを動物にたとえると何ですか?」という質問をしたわけですが、目的は同じですよね。

読書感想文は、「この本は、こういうポイントが面白かった」ということを書くものですが、これは「あなたはこの本を読んで、どんな感想を持ちましたか?」という質問に対する回答として作られるものだと解釈できます。議事録は、「この会議で話されていたのはどういう内容ですか?」という問いに対しての回答として作られるものです。

参考書も同じです。たとえば歴史の参考書は、「ローマ時代の政治はどのようなものだったのか?」「豊臣秀吉はどのような政治を行なったのか?」のような、「問い」が根本にあって、その問いに対する答えとして記述されています。「ローマ時代の政治はこういうものでした」「豊臣秀吉はこういう政治を行ないました」としか書かれていないからわからなくなってしまうのですが、根本にあるのは「問い」です。

本も同じです。たとえば中野信子先生の『新版　科学がつきとめた「運のいい人」』（サンマーク出版）という本では、プロローグにこんなことが書かれています。

「どうしたら運は良くなるのでしょうか。どういう人が運を味方にすることができるのでしょうか。これにできるだけ科学的にアプローチしたのがこの本です」

つまりこの本は、「どうしたら運は良くなるのか」という問いに対する答えとして書かれていることがわかりますね。ですからここから先に書かれている本の内容はすべて、「どうしたら運は良くなるのか？　その答えは～」という、問いの答えとして書かれています。当然その問いはほとんどの文章で省略されているわけですが、しかし厳然たる事実として、そこには前提となる「問い」が存在するのです。

これはどんな本でも同じことで、「自分の居場所」に関する本はきっと「どうすれば自分の居場所を作れるのか」という問いに対する答えが書いてある本でしょうし、「ブレない生き方」という本にはきっと「どうして人はブレてしまうのか、どうすればブレない生き方ができるのか」という問いに対する答えが書いてあるはずです。

もちろん、今まで説明したすべての文章・説明には、「問い」が省略されています。全部の文章の前に「なぜ、〇〇なのか？　それは〜」と書いてあったら、読んでいて冗長に感じてしまうでしょう。だから「答え」だけを抽出しているわけですが、どんな文章・説明でも、「問い」が根本にあるということは忘れてはならないのです。

当たり前のように聞こえるかもしれないのですが、この話を踏まえて考えると、この本で語っていることがより深く理解できるのではないかと思います。ぜひ覚えておいてください。

第3章

情報解釈

——1つの情報から10を知る考え方

一を聞いて十を知るとはどういうことか？

さて、ここからは第3章、「情報解釈」に関する章です。第1章・第2章では情報をインプット・アウトプットする方法についてお伝えしたわけですが、ここからはそうやって得た情報に対して、自分なりに解釈をしていくための方法についてみなさんにお話ししたいと思います。

まず前提として、**「解釈」というのは複数個ある**ということをみなさんにはお伝えしなければなりません。

たとえば1つ、こんな実験をご覧ください。

①自分の親しくしている人2人と、個人的に嫌いで苦手にしている人1人をリストアップする

②その人に対して考えている「その人のいいところ」と「その人のダメなところ」を考えてみたとする

③「いいところ」と「ダメなところ」を、どれくらい普段からその人に指摘しているかを考える

これを行なうと、次のような結果が出ました。

- 「その人のいいところ」は、親しくしている2人には伝えている場合が多いが、嫌いで苦手にしている人には伝えていない場合が多い
- 「その人のダメなところ」は、本人と親しいかどうかにかかわらず、本人には教えていない場合が多い
- 「その人のダメなところ」は、本人に教えていない代わりに、嫌いで苦手に思っている人も含めて本人以外の人には伝えてしまっている場合が多い

結論：相手の欠点は本人には伝えにくく、本人以外には伝えやすい

なかなか面白い実験だと思うのですが、みなさんはここから、どんなことが言えると思いますか？

もちろん結論として「相手の欠点は本人には伝えにくく、本人以外には伝えやすい」と書いてありますから、これが言いたくてこの人はこの実験の概要を書いたんだと考えられます。

でも、先ほどと同じように、結論に対する言い換えを考えるような次の問いを考えるとすると、多くの人は難しいと考えるのではありませんか？

「相手の欠点は本人には伝えにくく、本人以外には伝えやすい」とはどういうことか？

この問いが難しいのは、人によって答えが変わってくるものだからです。

人によってはこの実験は、「人の悪口が伝わるメカニズムがわかる実験だ」と

「いいところ」と「ダメなところ」誰に伝える？

	親しい人１	親しい人２	苦手な人

その人のいいところ	伝える	伝える	伝えていない場合が多い
その人本人のダメなところ	伝えない	伝えない	伝えない
他の人のダメなところ	伝えている	伝えている	伝えている

感じるでしょう。「相手の欠点は本人には伝えにくく、本人以外には伝えやすい。だから、人の悪口は伝播しやすい」ということを示す実験だと感じられるかもしれません。

　違う人からすると、この実験は、「相手に対してはどんどん欠点を伝えなきゃダメだという教訓を教えてくれる実験だ」と感じられるかもしれません。「相手の欠点は本人には伝えにくく、本人以外には伝えやすい。だから、相手に対しては意図して欠点を伝えるべきだ」という結論だと考えているということです。
逆に、「自分の欠点を知るのは難しいから、自分の悪いところを指摘してくれる友達は良い友達だ」と解釈することもできるかもしれません。その人にとっては、「相手の欠点は本人には伝えにくく、本人以外には伝えやすい。だからこそ、それでも自分の悪いところを指摘してくれる友達は大切にするべきだ」という結論になるでしょう。

こんなふうに、1つのエピソードに対する解釈・反応・教訓は、千差万別なわけです。
事実自体は変わりませんし、増えたりはしません。『名探偵コナン』では「真実はいつも一つ」なんて言っていますが、それはまさにその通りです。しかし、そこから得られる解釈は人によって異なります。

ここで重要なのは、その**「複数の解釈」を考えられる力を得ること**です。東大生はこういう実験や複数のことが考えられる事実から、いろんな教訓を考える能力が高いです。1個の教訓で満足せずに、5個10個と教訓を考えて、いろんな場所で応用していくことができるのです。

頭のいい人のことを、「一を聞いて十を知る人」なんて言いますが、あれは別に、「1つの事実から、10個の別の事実を知ることができる」ということを言っているわけではありません。1つの情報には、1つの情報量しかありません。でも、「解釈」は複数個あるかもしれません。**「相手の欠点は本人には伝えにくく、本人以外には伝えやすい」とはどういうことか？**という問いの答えがたくさんあったように、1つの事実から、複数個の解釈を得ることは確かにできます。

1つの事実から言える複数の解釈を考えるというのもまた、「要約力」です。ここからちょっと背伸びをして、解釈の力をみなさんに身に付けていただきたいと思います。

「類推」の仕方について

トモミは20歳の大学2年生だ。電車で実家から30分かかる大学に通っている。

Q　トモミの情報について当てはまる可能性が高いものはどれか？

1　トモミには交際1年目の彼氏がいる
2　トモミは定期券を買っている
3　トモミは大学生活を楽しんでいる

さて、まずは最初に、「解釈」を体感していただこうと思います。第2章で、英語試験の問題の作られ方についてご説明した際に、「具体化」と「抽象化」以外にもう1つ、**「類推」**と呼ばれる問題の作り方があるという話をしたのを覚えていますか？　実はこの「類推」というのが「解釈」の一種なのです。

突然ですが、こんな問題があったとします。英語の問題で実際に出されたものを形を変えて出題しています。

文中の情報：トモミは20歳の大学2年生だ。電車で実家から30分かかる大学に通っている。

Q　トモミの情報について当てはまる可能性が高いものはどれか？

1　トモミには交際1年目の彼氏がいる

2　トモミは定期券を買っている

3　トモミは大学生活を楽しんでいる

さて、どれが正解でしょうか？

今回、与えられた情報だけを見ても、何が正解かはわかりません。トモミの彼氏の話も、定期券の話も、大学生活の話もしていないからです。

でも、「電車で通っている」と言っていますから、電車を利用していることは明らかです。そして電車を利用して通うときには、大学生は通学定期券を買うことができ、多くの人がそうしていると考えられます。なので、この場合の正解は「2　トモミは定期券を買っている」になります。

この問題で大事なのは、**「事実」をつなげていくという感覚**です。

もちろん、「大学生なんだから彼氏くらいいてもおかしくないだろう」と考えることも、「大学2年生なんだから大学生活は楽しいに違いない」と考えることもできますし、それが完全に間違いとも言いきれません。

でも、重要なのは「事実」です。

結局ここでわかっている事実は、「トモミが大学生で、電車で大学に通っていること」だけです。それ以上のことは何もわかっていません。大学生活のことも彼氏の話もしていませんよね。であればここは「トモミは定期券を買っている可能性が高い」と考えるのが正解になります。もちろんズボラで買っていないかもしれませんが、しかし事実として、今の日本において電車で大学に通う大学生は定期券を買っている人がほとんどですから、ここではこれが正解になります。

整理すると、今回の類推はこのような「3段階」の思考回路で行なわれたものになります。

1　トモミは大学生で、電車で大学に通っている

2　電車で大学に通っている学生のほとんどは定期券を買っている

3　トモミは定期券を買っている可能性が高い

どうでしょう？　難しいと感じる人も多いのではないでしょうか。それもそのはずで、英語の試験でこの「類推」の問題の割合が多いと、平均点が一気に下がるという話があります。「具体化」「抽象化」と違って、「類推」は「書いていないことだけど、よく考えるとそうなる」というものを正解として選ばなければならないものであり、難易度が一気に跳ね上がるのです。

しかし、実はこの「3段階」の思考回路に関しては、古代にもう「こうすれば整理しやすい」というものが開発されています。次の項目で、その「三段論法」についてお話ししたいと思います。

三段論法で解釈を増やそう

――事実、情報、結論で考える

「相手の欠点は本人には伝えにくく、
本人以外には伝えやすい」
ということから何が考えられるか？
３つ以上挙げてください

先ほどのように「3段階」で類推をすることを、「三段論法」と言います。古代ギリシアの哲学者であるアリストテレスが開発した論法のことで、「大前提」「小前提」「結論」の3つで結論を出していくことを言います。

三段論法では、2つの前提から結論を導き出します。たとえば、「人間はいつか死ぬものである」「ソクラテスは人間である」という2つの前提から「であるからして、ソクラテスはいつか死ぬものである」というように結論を導くことができる、というものですね。「すべての魚は泳ぐ」「マグロは魚である」という2つの前提があれば、これを掛け合わせることで「マグロは泳ぐものである」という結論を導き出すことができますよね。

これが「三段論法」と呼ばれるものであり、解釈・類推はこの考え方によって導き出すものになります。

「相手の欠点は本人には伝えにくく、本人以外には伝えやすい」に対して多様な解釈がある、という話をしましたが、それもこの三段論法で説明がつきます。

①相手の欠点は、本人には伝えにくい（相手の欠点が本人に伝わることはなかなかない）
②自分の欠点を言われる機会が少ないと、人間は性格を変えることが難しい
③人間は、自分の欠点を言われる機会が少ないため、性格を変えることが難しい・性格が凝り固まりやすい

❶相手の欠点は、本人には伝えにくい（欠点を本人に伝えることは、意図しないと難しい）
❷欠点を本人に伝えることは、相手に伝えることで相手の内省を促すことができるため、伝えたほうがいいものだ
❸欠点を伝えることは難しいことだが、相手の内省を促す意味で重要なので、伝えたほうがいい

このように、同じ「1」に対して「2」の前提が加わることで、「3」という新しい結論ができるわけです。「2」を複数考えることができれば、その分だけ

「3」が増えるというわけですね。それこそ「1」が1個しかなかったとしても、それを少し言い換えつつ、「2」を10個想像することができれば、解釈である「3」も10個に増えることになります。これが一を聞いて十を知るプロセスだと言えます。

また逆に、自分の考えを相手に伝えるときにも、この三段論法を使うと非常にやりやすくなります。144ページで、なぜ、「トモミは定期券を買っている可能性が高い」という結論を導けるのかについて語るときに、「1　トモミは大学生で、電車で大学に通っている」「2　電車で大学に通っている学生のほとんどは定期券を買っている」ということで、「3　トモミは定期券を買っている可能性が高い」という2つを伝えることで、という結論が伝わりやすくなるわけです。三段論法は非常に使い勝手がいいわけですね。

▼三段論法で解釈・類推するために必要なこと

本書では、ここからこの三段論法を使って、解釈・類推をする方法をみなさんにお伝えしていこうと思います。

三段論法で解釈・類推をするためには、前提が「2つ」必要です。

1つは、目の前で起こっている**事実**を用意します。この場合は「1　トモミは大学生で、電車で大学に通っている」というものです。

そしてもう1つ、「2　電車で大学に通っている学生のほとんどは定期券を買っている」という**情報**を用意します。これは、知識だったり過去の経験だったり、目の前にあるもの以外のものが多いでしょう。

そしてこの2つを組み合わせることで、「3　トモミは定期券を買っている可能性が高い」という**結論**が出るわけですね。目の前に見えていることと結論との間に、もう1つ違う前提を挟むことで、違った情報に解釈することができるようになるというものです。

ここでわかっていただきたいことは、解釈をするためには、前提が「2つ」必要だということです。

1つは、目の前に起こっていること。これは、きちんと観察をすることで見えてくるようになります。たとえば今回、「トモミは電車で大学に通っている」という情報を見落としていたら、答えは出ませんでしたよね。

そしてもう1つは、1つ目の前提に対して解釈を行なうための情報を用意することです。

この2つが揃うと、解釈して結論を出すことができます。「一を聞いて十を知る」と言われる人は、「目の前で起こっていることの中から有益な情報を探す」という**「観察」**と、「その情報に対して、解釈をするための材料を頭の中から引っ張り出す」という**「想像」**の2つを行なっています。だから、1つのことから複数の解釈をすることができるわけですね。

本書ではここから、この「観察」と「想像」で、相手の言いたいことをしっかりと解釈するための方法についてお話ししていきたいと思います。文章を読んでいるときでも相手の話を聞いているときでも、「観察」と「想像」はとても重要な行為になりますので、ぜひしっかりと理解してもらえればと思います！

観察力はどのようにして磨かれるのか？

この男性は既婚か？

1　この男性は、40代の男性であり、両親は他界していて、姉妹や兄弟はいないとのこと

2　この男性の家の住所を確認したところ、「埼玉県○○市△△町×丁目□番地」となっていた

3　この男性は過去に、「俺の部屋は2階だな」と発言していた

ではまずは、観察を行なって、「目の前で起こっていることの中から有益な情報を探す」ということについてお話しします。どうすれば「観察力」が磨かれるのか、ということですね。

推理小説だと、探偵役の人がこの「観察力」が非常に優れている場合があります。有名な「シャーロック・ホームズ」という小説シリーズでも、ホームズが現場の状況や相手の些細な仕草から推理を行なって、「初歩的な観察によるものだよ」なんて言っていたりします。このように、観察を行なうことで、より深い相手の情報を得ることができるのです。文章であれば、ちょっとした言葉からその情報を広げて解釈することもできるということですね。

ここでご紹介したいのは、**「観察のためには、『細かいことでも見逃さない』ことと『情報の裏側を考える』ことの2つが重要だ」**ということです。

言葉で説明してもなかなか伝わらないと思うので、たとえばこんな問題を考えてみましょう。

あなたは、取引先の男性が既婚かどうかを判断したい。ヒントは3つ。

1　この男性は、40代の男性であり、両親は他界していて、姉妹や兄弟はいないとのこと

2　この男性の家の住所を確認したところ、「埼玉県○○市△△町×丁目□番地」となっていた

3　この男性は過去に、「俺の部屋は2階だな」と発言していた

どうでしょう？　みなさんは、この男性は結婚していると思いますか？「40代だったら、結婚しているんじゃないかなぁ」「でも最近の40代だったら結婚していないことだって多いしなぁ」と考えることもできますが、これだと答えはわからなくなってしまいます。

実はこの問題、「この男性が住んでいる家はどんな家なんだろう？」ということを考えていけば、答えが見えてきます。

まず、この男性の家の住所を見てください。「埼玉県○○市△△町×丁目□番地」。これだけじゃわからないよ、という人もいると思いますが、「細かいこと

でも見逃さない」という姿勢が重要です。この情報からでも、実はすごくいろんなことがわかります。

たとえば、これだけでこの人がどんな建物に住んでいるのかわかります。もしアパートやマンションに住んでいるのであれば、「□番地」以降に、「マンション○○　301号室」のような表記があるはずですよね。ということは、この人が住んでいる場所はアパートやマンションではないことがわかります。

さっきの三段論法で整理すると、このようになります。

1　男性が住んでいるのは「埼玉県○○市△△町×丁目□番地」だった＝男性が住んでいる住所には「マンション○○　301号室」のような表記がない

2　マンションやアパートに住んでいる場合は、「マンション○○　301号室」のような表記がある

3　男性は、マンションやアパートに住んでいない＝一軒家に住んでいるのではないかと考えられる

1は観察の結果得られた前提で、2は知識で想像した前提ですね。その結果、3の「男性は一軒家に住んでいる可能性が高い」という類推・解釈をすることができます。

その上で、これも細かい情報ですが、「自分の部屋は2階だ」と発言しています。「アパートであればアパートの2階の一室を借りているのかな」、と考えることになりますが、しかしこの人はアパートには住んでいない。ということは、この人はきっと、一軒家に住んでいるのではないかと考えることができます。そう言えばさっきの住所を確認すると、「埼玉県」となっていました。東京23区内であれば一軒家・一戸建ては珍しいですが、埼玉県であれば、場所によっては一軒家は珍しくないはずです（ちなみに、全国平均では一戸建て持ち家比率が約52％のところ、東京23区の一戸建て持ち家比率は約24％だと言われています）。

では、一軒家に住んでいるというのは、どういうことを意味するのでしょうか。2階建ての一軒家に住んでいる人が、1人で暮らしているというのは少し考えにくい気がします。そして決定的なのは、「俺の部屋は2階」と発言していたことです。こう発言しているということは、その家に一人で住んでいる可能性は低いですよね。ということは、誰かと一緒に住んでいるのではないかと考えられます。

しかしこの人は、両親は他界していて、姉妹や兄弟はいないとのことです。であれば、肉親と一緒に住んでいるということはないはず。そうなると、誰かと結婚していて、同居しているのではないか、と考えることができます。年齢的にも、シェアハウスとかをしているとは考えにくいですしね。そうなると、結婚していて、さらに子どもがいてもおかしくないですね。埼玉県の一軒家に家族で暮らしているのではないかと考えられます。もちろん事実婚かもしれないし、友達とシェアハウスをしているかもしれないわけですが、でも可能性として結婚している確率は高そうですね。

というわけで「結婚している可能性が高いのではないか」と類推・解釈することができます。

1　男性は一軒家に住んでいる可能性が高い

2　男性は「自分の部屋は2階だ」と言った（自分の家の中に、自分以外の人が住んでいることを示唆した）

3　男性は家族と住んでいる可能性が高い

ここから次のようなことが考えられるのではないでしょうか？

1　男性は家族と住んでいる可能性が高い

2　両親は他界していて姉妹や兄弟はいない

3　それ以外の家族の可能性が高い＝結婚しているのではないか

こんなふうに、三段論法を重ねていく中で、結論を類推することができるようになったわけですね。

さて、少し戻って、この問いの答えが出せた要因を振り返ってみましょう。観察において重要なのは、「細かいことでも見逃さない」ことと、もう1つ、「情報の裏側を考える」ことだとお伝えしましたね。今回の場合、一見すると、

「埼玉県○○市△△町×丁目□番地」という情報は、男性の住居や家族構成を類推する上でなんにも意味のない情報のように感じられてしまいます。ですが、逆転の発想で、「マンション○○　301号室」のような表記がない、ということを考えられると、マンションやアパートに住んでいないということが推測できるわけです。

「情報の裏側を考える」ということを実践すると、一見普通の情報が、違った意味やヒントを与えてくれることがあります。

たとえば、先ほどのトモミのことを思い出してください。「トモミは電車で実家から30分かかる大学に通っている」という情報がありましたが、これも裏側を考えると、違うことが見えてきます。「トモミは一人暮らしをしてはいない」ということを意味しますし、「トモミは車では大学に通っていない」ということでもあります。このように、「Aである」という情報は、「Bではない」「Cではない」ということを意味しているかもしれないのです。観察によってこのポイントを押さえることができるかできないかは、すごく重要な観点になります。

そこから、解釈を広げることもできます。「トモミは車では大学に通っていないってことは、車の免許を持っていないいってことなのかもしれない」と解釈することもできますよね。

1 トモミは電車で実家から30分かかる大学に通っている＝トモミは車では大学に通っていない

2 車の免許を持っている大学生は、車で通うことも多い＝持っていない学生は電車で通うことが多い

3 もしかしたら、トモミは車の免許を持っていないのかもしれない

ということですね。文章の一言からでも相手の話の一部からでも、このように一部分をクローズアップしてより深い解釈を行なうことができます。ちょっとした情報からでも、多くの結論を導くことができるかもしれないのです。ぜひ、注意深く観察をしてみてください。

想像力はどのようにして磨かれるのか？〈語彙力編〉

——使われている言葉から深い情報を知る

「国際連合は、A国がB国を侵略したことについて声明を出しました」

国際連合は怒っているか？

中立か？

「観察」を行なった後は、「想像」のフェイズです。整理して導いた事実に対して、自分の知識や経験を動員して、前提を1つ増やす必要があります。このためには勉強して知識を得ることも必要ですし、いろんな経験をして教養を増やす必要もあるので、かなり難しいことです。

しかし、今回ご紹介する2つのポイントを押さえることで、それもできるようになっていきます。それは、**「言葉をしっかりと解釈すること」**と**「相手の気持ちになって考えること」**です。順番に見ていきましょう。

まずは「言葉をしっかりと解釈すること」です。たとえば、テレビを付けたらニュースキャスターがこんなことを言っていたとします。

「国際連合は、A国がB国を侵略したことについて声明を出しました」

どうでしょうか？　実はこの短い言葉からわかることが1つあります。それは、「国際連合はA国を強く批判している」ということです。

なぜそれがわかるのかというと、「侵略」という言葉を使っているからです。侵略って、どういう意味の言葉かわかりますか？　「領土や首都を攻めたり、奪ったりする、とかそういう意味だよね？」と考えられると思いますが、その定義だと、「侵略」という言葉の他に、「侵攻」という言葉もありますよね。この二つって、どう違うか知っていますか？

英語で言うと、侵略が「aggression」で、侵攻が「invasion」ですね。漢字にすると「侵」が同じ言葉なので、「侵略」も「侵攻」も同じような言葉でしょ？と感じてしまう人がいますが、実は意味が少し違うのです。

「侵攻」は、単に相手の領土に攻め込むことを指す言葉です。それに対して、「侵略」のほうは、相手の政治的な独立や主権を「侵す」という意味になります。侵攻が「ただ相手側に攻め込んだ」という行為そのものを指す中立的な言葉なのに対して、侵略は侵略した側に非があると判断した場合に使う言葉だということです。要するに、「侵略」を選んで使ったということは、国連がA国を非難しているということなのです（これは国連の1974年の「侵略の定義に関する決議」をもとにしています）。

「国際連合は、A国がB国を侵略したことについて声明を出しました」

人によっては、このニュースを聞いただけで「あ、ってことは、結構本格的にA国のことを批判する声明を出しているんだろうな」ということがわかるわけです。

1 国際連合は、A国がB国を「侵略した」と言った
2 「侵略」という言葉には、強く批判するニュアンスがある
3 国際連合は、A国に対して強く批判する意図を持っている

ということですね。語彙力があれば、「2」の前提に気付けるということになります。このように、言葉の一つひとつを解釈していくと、より深い意味が隠されていることがわかる場合があります。人の発言もそうですし、文章で読んでいても同じです。たとえばなんらかの文章を読んでいて、「あの政治家の恣意的な発言は～」と書いてあったら、「恣意」のところが引っかかりますよね。恣意的とは、「我がままで、自分勝手なさま」を指す言葉です。ということは、これは「その政治家を強く批判するニュアンスなんじゃないか」と考えることができます。その文章の意図がより深く理解できるようになるわけですね。

また、先ほどの上司からの指示の話で、『現時点での進捗だけでいいので可能であれば教えてください』というメールが届いていました。

みなさんはこれ、どう解釈できると思いますか？　もっと具体的に言うなら、「進捗」という言葉をどのように捉えていますか？

進捗とは、「進み具合・捗り具合」のことです。それが知りたい、というメールなわけですから、「順調に進んでいるので、このままいけば木曜日までに一度ご報告できそうです」という返信でも問題ないのです。これを間違って解釈してしまうと、「なんか今できている資料とか送ってくれ、ってことかな？　というか、早く完成させてくれってことかな？」と考えすぎてしまうかもしれません。もちろんそういう気持ちがあるかもしれないのは否定できませんが、あくまで「現時点での進捗だけでいいので」と言われているわけですから、「こんな進み具合です」と答えれば、先方からのオーダーに応えたことになるのです。

言葉って、すごく重要です。頭のいい人であればあるほど、言葉を軽々しくは使わず、しっかりとその言葉の定義を気にして、ときには言葉をしっかりと使い分けています。東大生や東大卒の経営者の人たちと話すと、本当にその語彙力に驚かされますし、細かい言葉の一つひとつに意識を配っていることに気付かされます。

たとえば「侵攻」と「侵略」の他に、「目的」と「目標」にも微妙な違いがあるのを知っていますか？　おそらく多くの人は、両方とも同じように「ゴール」的な意味で使っていると思うのですが、実は明確な使い分けがあります。どんなものだと思いますか？　目的は「最終的に成し遂げたいこと」で、目標は「その目的を達成するための指標」のことを指します。

英語で言うとわかりやすいかもしれません。目的は英語で言えば「goal」または「purpose」のことです。「こんなことがしたい」という最終的なゴールが目的だと言えます。「お金持ちになる」とか「英語がペラペラになる」とかが当てはまりますね。

目標は英語で言えば「target」です。中間の指標や目的にたどり着くために立てる、目的にたどり着くための行動・数字のことを言います。「お金持ちになるために、こういう企業に入社する」とか「英語がペラペラになるために、英単語を2000個覚える」という感じで、主に数字での指標が目標になります。

「目的」「目標」の違い以外にも、使い分けが必要な言葉はたくさんあります。日本語を使うことに不自由がない、という人でも、「信頼（主観的に信じること）」と「信用（客観的に信じられること）」という言葉を使い分けている人は稀《まれ》でしょう。「食料（主食かどうかを問わずすべての食べ物に対して使う）」と「食糧（主食のことを指す）」、「偏在（偏って存在していること）」と「遍在（広くいろんな場所に存在していること）」のように、読み方が同じでも意味が異なるものもあります。**言葉の一つひとつを丁寧に扱う中で、解釈が変わってくることはとても多いのです。**ぜひ、この点をしっかりと覚えておきましょう。

想像力はどのようにして磨かれるのか？〈立場編〉

2つ目のポイントは、「相手の気持ちになって考えること」です。はっきり言いますが、これが本書の中で一番難しいことかもしれません。社会人になってからも、「相手の気持ちになって考えること」は非常に重要で、多くの人が新入社員のときに「もっと相手の気持ちになって行動したほうがいいぞ」と上司から言われたことがあるのではないかと思います。

たとえば、もう一度**「現時点での進捗だけでいいので可能であれば教えてください」**というメールについて考えてみましょう。このメールを送ってきた人って、どんな気持ちで送ってきているのでしょうか？　どんなことが想像できるでしょうか？

まず状況を整理してみましょう。このメールを送ってきた人は、なんらかの仕事を自分の会社に発注した人で、自分たちは何かを納品する必要があり、締め切りは来週の金曜日となっています。

そしてまだ締め切りになっていないにもかかわらず、「現時点での進捗だけでいいので可能であれば教えてください」とメールが来た。これはどういうことを指しているのでしょうか？　なぜ、こんなメールを送ったのでしょうか？　これを考えるのはとても難しいので、逆に、**「自分だったら、どういうタイミングでこういったメールを送るか？」**を考えてみましょう。

たとえば、仕事をする上ですごく大事な納品物があったとします。それがないと新しいプロジェクトが立ち行かなくなるし、締め切りに間に合わないと他のチームメンバーにも迷惑をかけてしまうかもしれないようなものです。その作成を、X社にお願いして、締め切りを来週の金曜日に設定しました。そして今日の朝、上司から、「ねえ○○くん、あの納品物って、いつできるんだっけ？」と聞かれ、「あれですね。あれは、来週の金曜日までにX社が作ってくれることになっています」と答えたところ、「そうなんだね。でも、締め切りに間に合わないと、俺らの部署だけじゃなくて別の部署にも迷惑がかかるから気を付けてね」と言われました。

「気をつけてね」というのは、すごく難しい指示ですね。締め切り通りにやってくれよ、というプレッシャーなわけですが、しかしどう対応すればいいか意外と難しい言葉でもあります。そこで、「一旦、X社にメールを送って、ちゃんと締め切りを守ることができそうか聞くか。といっても、まだ締め切り前だし、あんまりプレッシャーにならないような言い方をしたほうがいいよな」と思って、メールを作成した……。そういう事情であれば、『現時点での進捗だけでいいので可能であれば教えてください』と送りますよね。このメールは、そういう意図だったのではないか、と考えることができます。

もちろん、この類推・解釈が正しいかどうかはわかりません。でも、情報をもっと拾って、こういう想像を行ない、精度高く類推・解釈ができるようになると、相手の意図を深く理解することができるようになります。

具体的にシチュエーションを考えて、相手がどうしてこういう発言をしたのか、こういう行動をしたのか、まさに「相手の立場に立って」考えることで、何が求められているのかを類推・解釈することができるようになるのです。そのときに重要なのは、**「自分だったら」**という考え方です。自分が相手だったらどうなのか、という感覚で想像することです。

そして、**仕事ができる人というのは、この能力が高い人**でもあります。たとえば、「あ、○○さんのこのメールは、上司の人からつつかれたのかもしれないな。あそこの上司の△△さんは、温厚だけど、締め切りには厳しい人だもんなぁ」なんて想像することができると、相手の気持ちを想像して先回りした行動ができるようになりますよね。

メールでも発言でもそうですし、文学作品を解釈する場合はその文学作品を書いた人がどのような状況にあったのかを知って、そこからその文学作品の意味を考えるということも行なわれています。文学部に行くと、「夏目漱石がこの作品を書いたのは何歳くらいのときで～」みたいな考察をしつつ、その文学作品の解釈を進めようとするのはもはや当たり前のことです。これはまさに、「相手の立場に立って」考えることで、その解釈をより深くしていくという行為ですね。

そしてそのためには、やはり先ほど紹介した「観察」も大事になります。細かい情報でも見逃さずにヒントにして考え、ちょっとした情報でも裏側を意識してみる。その中で、「あ、この人の上司はこういう人だったよな」「確か○○さんは過去にこんなことを言っていたな」と、ヒントになる情報を活かして想像することができるようになるわけですね。

ということで、この能力は、本当にいろんな場所で活用できるので、ぜひ鍛えてみてください。

解釈ができるようになるために
――営業のプロはまず何を話すか？

営業スキルがわかる質問、

お店に来たこの女性にぜひ、新しく入荷した掃除機を買ってもらいたい。

さて、あなたなら、どんなふうにこのお客さんに声をかける？

文章や相手の話をどう解釈すればいいのか、そのための方法についてここまでご紹介してきましたが、最後はこの能力を磨くための方法についてお話ししたいと思います。

まず、唐突ですがこんなことを考えてみましょう。これは、大企業で営業成績1位になった、東大卒の先輩が教えてくれた話です。この質問に対する回答で、その人の営業スキルがどれくらいかがわかるのだそうです。

あなたは街の電気屋さんで働く店員であり、掃除機のコーナーを任されている。あなたの仕事は、掃除機をたくさん売ることだ。
今日も売り場にはお客さんと思しき40代くらいの女性がやってきた。この女性にぜひ、新しく入荷した掃除機を買ってもらいたい。
さて、あなたはどんなふうにこのお客さんに声をかける？

どうでしょうか？　パッと考えると、普通に「お客さん！　この掃除機、吸引力があっていいんですよ！」と、掃除機のメリットを紹介するような話し方をすると思います。少なくとも僕は最初、そんなふうに回答していました。

しかし、よく考えてみるとこれって、お客さんの立場からすると微妙ですよね。「いきなりそんなメリットを語られても」と、ちょっと押し付けがましく感じられてしまうかもしれません。営業としては、**「お客さん、今日はどんな掃除機をお買い求めですか？」**と相手の事情を聞くということをするべきですよね。

しかし、その先輩からすると、「お客さんにメリットを伝える営業担当者は三流で、お客さんにどんな掃除機がほしいか聞く営業担当者は二流」なのだそうです。

では、本当にすごい一流の営業担当者なら、どんなふうに話しかけるのか？

「お客さん、吸引力が強い掃除機とかって、お探しではありませんか？」と、相手の悩みを見抜いて、話しかけるのだそうです。これは、相手のことを観察し、「この人は、40代くらいの女性だから、きっと家の掃除機を探しているんだろう。これくらいの年齢の人だと、お子さんもいるかもしれない。今はちょうどお子さんが保育園か学校にいるのかも。そう考えると、きっとデザイン性の高い掃除機よりも、機能性の高い掃除機のほうが好みなんじゃないか」と相手の立場を想像した仮説を立てて、相手にぶつけているということです。

こうやって話しかけている営業担当者だと、成功しやすいのだそうです。最初の「この掃除機、吸引力があっていいんですよ！」と明確に違うのは、相手のことをよく観察して、その上で相手の悩みを言い当てているということです。相手のことを想像しながら話しかけているわけですね。

▼「仮説が間違った」ときこそ重要

この話の面白いところはここからです。その仮説が間違っていて、お客さんから「いや、別に吸引力が強い掃除機は求めていないないですね」と言われたときのほうが、実は重要なんです。そのときには、「あ、そうなんですね、ごめんなさい。では、どんな掃除機をお買い求めですかね？」と聞いて、自分の仮説がどこで間違っていたのか、本当に求められていたものは何だったのか、仮説検証を行なって情報の精度を上げていくのだそうです。

もちろん、仮説が正解だったら、営業は成功しやすくなります。でも、すべての仮説が正解になることはほとんどないと思います。そこで重要なのは「とにかくいろんな仮説検証をして、仮説の精度を上げていくこと」です。何度も仮説を立ててそれをぶつけていくことで、「なるほど、吸引力だけじゃなくて、音が静かであることを求める人も多いんだな」とか「デザイン性を求めている人は、こういう探し方をしているんだな」とか、そんなふうにさまざまな情報を得て、次の仮説作りに活かしていけるというわけです。一流の営業担当者は、そうやって日々成長をしていくことができる人なのだとのことです。

▼「仮説」をぶつけることで「解像度」は上がる

この掃除機の話から得られる教訓は、**「解像度を上げて考えることの大切さ」**です。

「相手に質問を投げ掛けることで、相手に対する想像力を上げていく行為」のことを、「解像度を上げる」と表現することがあります。虫眼鏡で観察対象のことをズームしてよりくっきりとその姿を捉えるように、カメラのレンズをよりピントの合うものに取り替えるように、ぼんやりとした輪郭しか見えていないものをよりはっきりと具体的に見えるようにするための努力をすることを、「解像度を上げる」という言葉で表す場合があるんです。東大の経営者の先輩方と話していてもよく「解像度」という言葉が出てきますし、実際、『解像度を上げる――曖昧な思考を明晰にする「深さ・広さ・構造・時間」の4視点と行動法』(馬田隆明著、英治出版)という本が存在していたりもします。相手が何を求めているのかについて、より深く観察することで、より具体的なイメージを持てるようになっていく、ということですね。そしてその観察の結果として、相手の言いたいことに対する理解がより深くなるようになり、相手の目的・相手の話の要約が見えてくるということです。

第1章でも第2章でもお話ししましたが、「質問を考える能力」はとても重要です。「この人は、何を求めているのか?」「自分が同じ立場だったら、どう考えるか?」といった問いを立て、その答えを考えて、その上で実際にその問いをぶつけてみる。その中でこそ、相手に対しての理解が深まっていくというわけですね。

相手を観察し、仮説を立てて解釈するのは非常に難しいことです。難しいからこそ、実践していかなければ、その仮説が正しいかどうかはわかりません。今回の掃除機の営業の話のように、しっかりと自分の仮説を持って、それをぶつけて、間違っていたとしたらどうして間違えたのかをしっかり分析していく中でこそ、解釈の力は磨かれていきます。ぜひみなさんも実践してみてください。

解像度を上げるために

――試合を見ずにボールの場所を知る方法

テニスコートを見なくても、どちらの選手がボールを持っているかわかる。その理由は？

さて、解像度を上げるために必要なのは、「相手の見ているものをしっかりと理解する」ということです。相手の話に対して、「なぜこの人はこんな話をしているんだろうか?」と考える必要がある、ということは今まで何度も説明してきましたが、そのためには「相手が何を見ているのか」を考える必要があります。

こんな話があります。テニスの勝負が行なわれているとき、テニスコートを見なくても、「ある場所」を見ればボールがどちらにあるかがわかると言われています。

それはどこだか、わかりますか?

正解は、客席です。テニスを見に来ているお客さんは、テニスのボールがあるほうに顔を向けているはずです。お客さんが右に顔を向けているならボールは右にあるはずですし、左に顔を向けているならボールは左にあるはずです。

これと同じで、その人について知りたいと思ったら、その人を見ているだけでは不十分です。その人が「何を見ているのか」にも注目しなくてはいけないのです。その人の目を見るのではなく、その人の目線の先にあるものは何なのかをしっかりと把握する必要があります。そうしないと、相手がなぜこの話をしているのか、どんな意図があって今の話をしたのかがわからなくなってしまいます。逆に言えば、それさえわかれば相手の話を要約することも容易なはずです。「要するにこういうことが言いたいんですよね？」と。

▼「吸引力が強い」よりも「吸引力の変わらない」が優れている理由

マーケティングの世界だと、この「何を見ているのか」に注目する手法のことを、「顧客目線」という言葉で表現することがあります。

先ほどの掃除機の話を思い出していただいた上で、唐突なんですが、みなさんは電気機器製造メーカー・ダイソン社のサイクロン式掃除機のキャッチコピー、「吸引力の変わらない」という言葉を知っていますか？　２０００年代後半からCMで使われていたキャッチコピーで、「吸引力の変わらないただ1つの掃除機」と聞いて「ああ、あれね」と考える人も多いのではないかと思います。

僕は、最初に聞いたときには、このキャッチコピーに対して何も感じなかったのですが、先ほどの掃除機の話を聞いた上でこのキャッチコピーを振り返って考えてみたときに、「この言葉って、本当にすごいな」と思うんですよね。「吸引力が強い掃除機」も魅力的ですし、「かっこいい掃除機」も魅力的です。「より家をきれいにできる」とか、「吸引力」が求められるとか、そういったメッセージはなんとなく思いつきます。

でも、確かに「顧客が何を見ているか」という考え方をしてみると、「吸引力が強い掃除機って、最初は良くても、使っているうちにだんだん吸引力が落ちちゃって、買い替えなきゃならなくなるんだよな」ということがわかります。

顧客が本当に望んでいるものは、吸引力がある掃除機ではなく、「長い期間、清潔な環境を保つための道具」である、とダイソン社は理解し、このキャッチコピーを作ったのではないかと考えられます。

「吸引力」が「変わらない」こと。「長く使える掃除機」こそが求められているんだというのは、現場で掃除機のニーズを聞いていなければわからないことだったのではないかと思います。

そう考えて、僕は「そうか、ここまで深く考えることができるんだ」と感動を覚えたんですよね。このキャッチコピーは、顧客のニーズを非常に短く要約した素晴らしい言葉だと感じます。

同じような話で、「顧客は、ドリルを求めているのではなく、穴を求めている」という話があります。たとえばあなたがホームセンターの店員だったとします。そこにお客さんがやってきて、「すいません、6ミリドリルはありますか?」と尋ねたとします。あなたはドリルを探しますが、あいにく品切れでした。そのときに、「ごめんなさい、6ミリドリルは品切れです」と返す場合が多いと思いますが、一流の営業担当者であれば、このときに全然違う言葉を返す、という話です。さて、なんと返すと思いますか? ヒントは、顧客が何を見ているか、ということです。

まず、「この人は、なぜ6ミリドリルがほしいのだろうか?」と考えます。ドリルを使って何をするのか、どんな望みがあってドリルがほしいのか。「かっこいいからドリルがほしい」という人はほとんどいないでしょう。そのドリルを使って、工作したり、何かを取り付けたりするはずです。一流の営業担当者は、「きっと、ドリルを使って、ネジを付けるための穴がほしいのではないだろうか。であれば、ドリルでなくても、こっちのもので代用できるはずだ」と考えます。そして、「6ミリドリルは品切れなんですが、こっちの商品なら同じような穴を開けられますよ」と営業するのだそうです。相手の課題に合わせて、逆にこちらから商品を提案するというわけですね。

この話は、マーケティングに関する基本的な考え方を伝えるときに度々引用されるものです。顧客目線に立ったときに、商品がほしいのではなく課題解決の方法が求められているのだから、そちらを提供するべきである、と。自分はこの話、マーケティングとか関係なく、相手に対する想像力を持つのに必要な思考だと思います。相手がほしいものを知るだけではなく、**そのほしいものを**

使って何がしたいのか、という「先」まで考える必要があるということですね。

「視線の先」を考える行為を繰り返していくことで、相手に対する想像力は養うことができます。相手の考えていること、望んでいることを理解するためには、解像度を上げていく訓練を繰り返していくしかないのです。

「そんなの、難しそうだ」と考える人もいるかもしれませんが、大丈夫です。世の中の至る所で、「人が何を見ているのか」がわかる場所があります。たとえば本屋さんには、ベストセラーのコーナーがあり、そこにはたくさんの本が並べられています。それを見て、「ふーん、こんな本が売れているんだ」と考えるだけではなく、「この本は、どんな人が買っているんだろう？　この本が売れているということは、どんな悩みを持っている人が最近は多いということが考えられるんだろう？」と考えることもできますよね。たとえば、投資の本が売れているなら「最近は投資について関心を持っている人が多いんだな。どんな層の人が投資に興味を持っているんだろう？」と考えることができます。人々が見ている視線の先を見ることで、多くの人が何を望んでいるかがわかるというわけですね。

コラム

「何を話しているのか？」より「なぜ、この話をしているのか？」

この本の中では第1章からずっと、「相手の意図を考えながら相手の話を聞く」ということをすると、相手が本当に言いたいことを要約しやすい、という話をしてきました。実はこの「なぜこの話をしているのか」を考えながら話を聞くというのは、頭のいい人の「聞き方」だと言われています。

自分は東大合格者の多い学校の先生からお話を伺うことが多いです。そこで、「どういう学生が伸びやすいのか」「どんな生徒が東大に合格できるほどの思考力を得ているのか」ということを質問しています。そんな中で、伸びる生徒の特徴について多くの先生が言う共通点が、**「常に先生の話に対して、意図を考える」**とのことです。

たとえば、先生がクラスの集会で、ちょっとした小話をしたとします。すると後から、生徒の一部はその話を受けて、「先生がさっきの話をしたのは、最近クラスの雰囲気がちょっとたるんでるから、それを暗に示すためですよね」「このタイミングでこの話をしたのは、○○くんとか僕がこんな話をしてたからではないですか？」というように言ってくるのだそうです。なぜ先生がそんな話をしたのかということについて考えて、答え合わせをしてくるわけです。そんなふうに先生の意図を考える習慣が身に付いている生徒は、成績が伸びやすく、東大にも合格しやすいのだとか。

この話からわかる通り、「なぜこの話をしているのか」を考えながら話を聞く人とそうでない人とでは、大きな差が生まれる場合があるのです。

多くの人は、相手が「何を」話しているのかについてフォーカスして話を聞いてしまいがちです。どんなことを話しているか理解することに一生懸命になっていて、メモを取るときも語っている「内容」についてしか書き取りません。

しかし本当に頭のいい人は、「何を」話しているかと同時に、**「なぜ」その話をしているのか**ということもセットで考えているわけです。

▼「最近忙しそうだね」と言われたときに考えるべきこと

たとえば、「最近忙しそうじゃないか」と上司から声を掛けられたときに、「はい！　忙しいです！」と答える人は少ないと思います。「忙しそう、って言われるということは、何か自分の仕事に粗い部分があったんじゃないか。その仕事の粗さを指摘するために、『忙しそう』って言ってるんじゃないか」と、考える人も多いのではないかと思います。この場合、「仕事の粗さを指摘する」という相手の目的は、今からその相手がする話の要約だと言えます。つまり、「なぜ」その話をされているのかを考えることは、結局、その話の要約を考えているのと同じだと言っていいのだと思います。相手の目的＝相手の話の要約なのです。

それを念頭に置いて相手の話を聞くと、「昨日のこの仕事に関してなんだけど」みたいに言われたときに、「昨日の仕事、粗い部分がどこかあったかもしれないな」と考えながら相手の話を聞くことができますよね。それと同じで、相手から何かの話をされたときに、相手がなぜその話をしたのかを考える習慣がある人は、相手の話から多くのことを学ぶことができる人です。

「何を」話しているのかではなく、「なぜ」その話をしているのか、という視点で相手の話を聞く習慣を付けると、自然と、自分の糧になるものを多く得られるようになるということなのかもしれません。ぜひ参考にしてみていただければと思います。

西岡壱誠（にしおか・いっせい）

株式会社カルペ・ディエム代表。1996年生まれ。偏差値35の学年ビリから、２浪で自分の勉強法を一から見直し、どうすれば成績が上がるのかを徹底的に考え抜いた結果、東大に合格。著書『東大読書』シリーズ（東洋経済新報社）は累計40万部のベストセラーに。漫画『ドラゴン桜２』（講談社／コルク）の編集やドラマ日曜劇場『ドラゴン桜』『御上先生』の脚本監修を担当。MBS『100％！アピールちゃん』『月曜の蛙、大海を知る。』にてタレントの小倉優子さんの受験をサポート。勉強法や思考法の研究と実践に基づいた著書は、多くの受験生や教育者から支持を集めている。

なぜ、東大の入試問題は、「30字」で答えを書かせるのか？

2025年４月20日　初版印刷
2025年５月１日　初版発行

著　者　西岡壱誠
発行人　黒川精一
発行所　株式会社サンマーク出版
〒169-0074 東京都新宿区北新宿2-21-1
電話　03（5348）7800
印　刷　中央精版印刷株式会社
製　本　株式会社村上製本所
日本音楽著作権協会（出）許諾第2501966-501号

ISBN978-4-7631-4218-4 C0030
ホームページ　https://www.sunmark.co.jp